我们从未忘记

——"英烈面孔"背后的故事

林宇辉　绘

山东美术出版社

图书在版编目（CIP）数据

我们，从未忘记："英烈面孔"背后的故事 / 林宇辉绘 . -- 济南 : 山东美术出版社 , 2021.7
ISBN 978-7-5330-8854-5

Ⅰ . ①我… Ⅱ . ①林… Ⅲ . ①革命先烈—生平事迹—中国—画册 Ⅳ . ① K820.6-64

中国版本图书馆 CIP 数据核字 (2021) 第 117108 号

策　　划： 曹　飞　迟　伟
文字统筹： 武宗义
责任编辑： 徐　璐
封面设计： 王世强
版式设计： 东　岳

我们，从未忘记——"英烈面孔"背后的故事
WOMEN,CONGWEI WANGJI—"YINGLIE MIANKONG"BEIHOU DE GUSHI

主管单位： 山东出版传媒股份有限公司
出版发行： 山东美术出版社
济南市历下区舜耕路 20 号佛山静院 C 座（邮编：250014）
http://www.sdmspub.com
E-mail:sdmscbs@163.com
电话：（0531）82098268　传真：（0531）82066185
山东美术出版社发行部
济南市历下区舜耕路 20 号佛山静院 C 座（邮编：250014）
电话：（0531）86193019 86193028
制版印刷： 青岛海蓝印刷有限责任公司
开　　本： 787mm × 1092mm　1 /16　13.25 印张
字　　数： 200 千
印　　数： 1-5000
版　　次： 2021 年 7 月第 1 版　2021 年 7 月第 1 次印刷
定　　价： 68.00 元

编委名单

前言

我的工作是用画像来还原真相，或者犯罪的真相，或者时间的真相。当我提起笔为革命烈士画像时，我明白这次我要还原的真相，意义非同小可。每一幅画像，都是一个鲜活的生命，一场惨烈的战争，一段辉煌的历史。

百幅革命烈士画像，涵盖了从抗日战争到抗美援朝数十年间大大小小的战斗。每一位革命烈士的相貌，都定格在了风华正茂的年纪。他们为革命事业献出了生命，我们却连他们的相貌都无从知道，这是何其的不公。

为了画像，我考证了我军各个时期军服的特点，力图还原每一位革命烈士生前的着装打扮。其实，画像中比着装更难还原的是相貌。多数革命烈士没有留下照片，许多见过革命烈士的人，也只能从几十年前的记忆中找出支离破碎的片段。这时候，我几十年的刑侦模拟画像经验起到了作用，通过对革命烈士亲友的提问和引导，通过观察革命烈士族人的相貌特点，通过反复的修改比对再修改，我一步步地接近革命烈士的真实相貌。每一幅画像，我都要画到让革命烈士的亲友满意为止。一个“像”字，是对我工作的最大肯定。

比相貌更难还原的是神态。在与每一位革命烈士的亲人交流的时候，我都会悉心听取他们讲述革命烈士的英雄事迹，尽可能去体察革命烈士们当年面对的状况并将其融入我的画像之中，让每一张革命烈士画像都活灵活现、栩栩如生。

自从我开始为革命烈士画像以来，收到了来自全国各地的求助信。其中多数是革命烈士的遗孤，也不乏革命烈士兄弟姐妹的后人。他们的童年，本应有一个幸福美满的家庭，但留给他们的只有一张薄薄的烈士证。他们中许多人花费了几十年的时间，去追寻英烈前辈的足迹。追寻伴随着许多人走到了生命的终点，又继而传给了后世子孙。代代相传的思念无处寄托，成了许多革命烈士后人永远的遗憾。

通过画像，一百个单纯的名字，变成了一百张鲜活的面孔。在我的工作室里，发生过太多穿越时空的见面。许多耄耋之年的老人，第一次见到了他们父亲年轻时候的样子。还有许多年轻人，第一次见到了自己祖父、曾祖父的相貌，他们长达几十年的思念会在见到画像的那一刻爆发，呼喊和泪水回荡在每一次穿越时空的见面中。一幅幅画像被后人请回了家，或供奉于灵牌之间，或高悬于厅堂之上。革命战争时代，他们献出生命保家卫国，今天我们终于看清了他们的相貌，子子孙孙、千秋万代，永远向他们致敬。

林宇辉

2021年6月

序言

这是一组特殊的人物“群像”。

说它特殊，一是因为书中的主人公大多英年早逝，他们中最年长的也不过三四十岁，最小的还未满20岁，正是人生最美好的时期。二是他们无论少长大都没能留下照片，只把无尽的悲伤、遗憾和思念留给了后人。

山东商河的贺占甲烈士，离开家乡近一年后，因公回到村中，但他首先想到的不是在家里眼巴巴盼着见上一面的父母妻女，而是革命工作，谁料离开家乡后，他再也没能回来。安徽濉溪的张厚义烈士，自1933年起在村里开办夜校教群众识字，在家的时间少之又少。河北迁安的王平陆烈士，白天忙于革命工作，晚上回家就抱着儿子睡觉，以弥补自己对儿子的亏欠。在他牺牲后，夜里在院子被爸爸抱在怀里哄着睡觉的情形成了王平陆烈士的儿子一生中最温馨的回忆。还有，山东临沂年仅19岁的彭立家烈士，伤情未愈就偷偷跑到了孟良崮战场，血洒沂蒙大地。山东新泰的单传义烈士瞒着父母偷偷参军，却再也没能重回故里……

他们难道不懂得爱和责任？他们难道是一时冲动而忽略了父母和妻儿？不，不是！他们不是不懂得生命和青春的可贵，他们不是不知道父母妻儿的担心和期盼，但是面对外敌入侵、山河破碎；面对内忧外患、生灵涂炭；面对近邻遭难、战火逼近……他们勇敢地挺身而出，舍小我顾大我，舍小家为大家，义无反顾地走进血与火的战场。

无情未必真豪杰。远古时代，大禹治水，三过家门而不入，为的是早日解决水患，让更多的家庭得以安宁。而这些革命烈士为的是“牺牲我一个，幸福千万家”，为了让中华大地早日安宁，让人民大众早日过上幸福的生活。

血沃中原肥劲草，寒凝大地发春华。

如今，革命烈士们倒下的地方或山岳巍巍、草木葱茏，或高楼林立，车水马龙……当年的战争疮痍已不复存在，战火和硝烟已成为遥远的记忆，但革命烈士们英魂不灭，化成峥嵘岁月中最伟岸的“群像”，并融入一代又一代中国人民心中。一草一木一英魂，一山一石一丰碑。这些英烈事迹，既是鲜活的历史，也是中华民族的宝贵财富。

习近平总书记曾明确指出，“一个有希望的民族不能没有英雄，一个有前途的国家不能没有先锋。”

正是如此，我们今天纪念革命先烈，为他们公益画像，不仅仅是通过回忆和追寻，让烈士们的身影和事迹更加清晰，更重要的是告慰革命先烈，他们的汗水和鲜血没有白流，人民不会忘记，共和国不会忘记。

年青一代更应铭记历史、铭记苦难，感恩拥有，珍惜当下。刻苦学习，为中华之崛起而读书；努力工作，为中华民族伟大复兴而奋斗。

天地有正气，杂然赋流形。

英烈们视死如归、英勇就义、一往无前，靠的是理想信念。今天，在新时代建设社会主义现代化强国的征程中，仍有数不清的艰难险阻需要我们去拼搏、去闯关。毋庸讳言，今天，我们国家虽然取得了举世瞩目的巨大成就，但在一些领域还有很大的进步空间，唯有靠不懈的努力和拼搏，才能一步一步把一个个不可能变成现实。

一百多年前，梁启超先生曾经有言：“故今日之责任，不在他人，而全在我少年。少年智则国智，少年富则国富，少年强则国强……”年轻一代是祖国的未来和希望，建设祖国、保卫祖国重任在肩，当仁不让。要继承革命先烈遗志，克服前进道路中的一个个艰难险阻，勠力同心，奋力拼搏，进而实现中华民族伟大复兴，以优异成绩告慰烈士英灵。

谨以此为序。

武宗义

2021 年 6 月

目录

抗日战争

我们决不放弃任何一方领土

抗日战争是20世纪三四十年代，中国人民英勇顽强抗击日寇侵略的一场全民族性战争。中国军民齐心协力，付出了极大的牺牲，最终赢得了14年抗战的伟大胜利。中国人民对世界反法西斯战争的胜利做出了巨大牺牲和不可磨灭的历史贡献。

抗日战争是中华民族历史上最伟大的卫国战争，是中国人民反抗日本帝国主义侵略的正义战争，是世界反法西斯战争的重要组成部分，也是中国近代以来抗击外敌入侵第一次取得完全胜利的民族解放战争。

在这场艰苦卓绝的战争中，面对日寇步步紧逼的铁蹄，面对祖国山河破碎风飘絮的残酷现实，中国人民地不分南北，人不分老幼，前赴后继，英勇杀敌，创造了中国近代史上抗击外侮的最璀璨华章。在这场战争中牺牲的烈士们，就是中华儿女的优秀代表，他们精神不死，万古流芳。

今天我们学习革命烈士的英勇事迹，不是为了延续仇恨，而是为了纪念，为了进步。所谓前事不忘后事之师，我们决不能忘记历史！我们，也不能忘记这些革命先烈！

牺牲在抗战黎明前

山东省聊城市茌平区振兴街道党员活动室里有一面烈士墙，墙上是当地100多位革命烈士的相片，遗憾的是，其中有两幅一直空着，另外一幅压根不像烈士本人，这成了街道办工作人员心中的一桩憾事。

当听说有为烈士画像的公益活动后，街道办的同志第一时间打来电话求助。随后，林宇辉警官一行人匆匆赶到了聊城。

街道办工作人员李娜介绍说，烈士墙是2019年建设的，上面有完整的烈士名录，一共113位，全部有相关文字记载。早在建设之前，街道办的工作人员就到处搜集烈士们的事迹资料和相片。他们希望在传承烈士精神的同时，也让前来参观的人能记住烈士们的模样。遗憾的是，其中的郝承忠烈士和李树郊烈士的相片处都是空白的。因为找不到烈士的后人或者照片，见过他们长什么模样的人也都联系不上，加之他们牺牲的时候太年轻了，才20岁，没有结婚也没有后代。除了这空着的两处，郝承义烈士的"相片"则是一幅国画，据他的后人说根本不像。

当得知林宇辉警官为烈士画像的公益活动后，振兴街道办的同志便有了为郝承义烈士更换"相片"的想法。为此，街道办还专门找来了郝承义烈士80岁的儿子郝殿月。

郝承义烈士，1904年出生，振兴街道郝张村人，抗战时期历任郝张村党支部书记、县委地下通信员、县委情报站站长。1936年因生计所迫到东北谋生，1937年抗日战争全面爆发后，郝承义响应党的号召回到山东老家，积极投身到抗日活动中。

郝殿月说："回到老家后，父亲担任了村里的党支部书记，带领村里共产党员开展抗日活动，但明面上是伪村长，以伪村长的身份掩护抗日工作。"

1939年秋，为了更好地发动群众武装抗日，郝承义等人接县委指示，广泛散发传单、张贴革命标语，以瓦解城内伪军。此后，郝承义白天以伪村长的身份和鬼子、伪军打交道，夜晚便和郝承忠在夜色掩护下到处张贴革命标语、散发传单。敌人看到之后，费了好大劲儿才撕掉，结果第二天天一亮发现革命标语和传单又贴满了大街小巷的墙面。

就这样，贴了撕，撕了贴……郝承义和郝承忠同鬼子展开了"拉锯战"。当时，一个叫李岐山的伪团长，是鬼子的铁杆汉奸，为了向主子表忠心，他下决心逮捕贴"反动"传单的人。

不久后的一天深夜，正在贴标语的郝承义和郝承忠被埋伏已久的汉奸们抓了个正着，随即被投入大牢。但不论敌人怎样严刑拷打，两人始终统一口径，

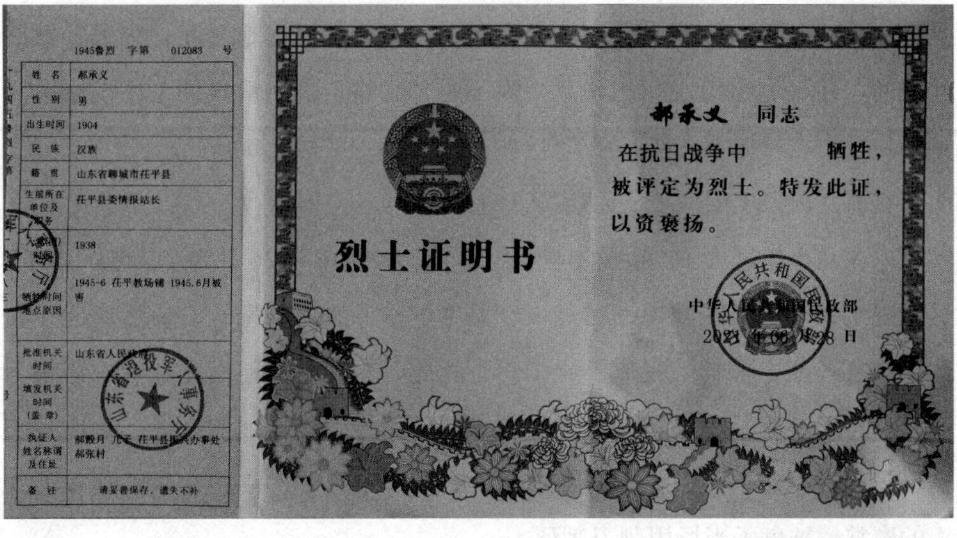
1945鲁烈 字第 012083 号

姓名	郝承义
性别	男
出生时间	1904
民族	汉族
籍贯	山东省聊城市茌平县
生前所在单位及职务	茌平县委情报站站长
入伍(参加工作)时间	1938
牺牲时间地点原因	1945-6 茌平教场铺 1945.6月被害
批准机关时间	山东省人民政府
填发机关时间(盖章)	
执证人姓名称谓及住址	郝殿月 儿子 茌平县振兴办事处郝张村
备注	请妥善保存，遗失不补

郝承义 同志

在抗日战争中 牺牲，

被评定为烈士。特发此证，

以资褒扬。

烈士证明书

中华人民共和国民政部

郝承义烈士证明书

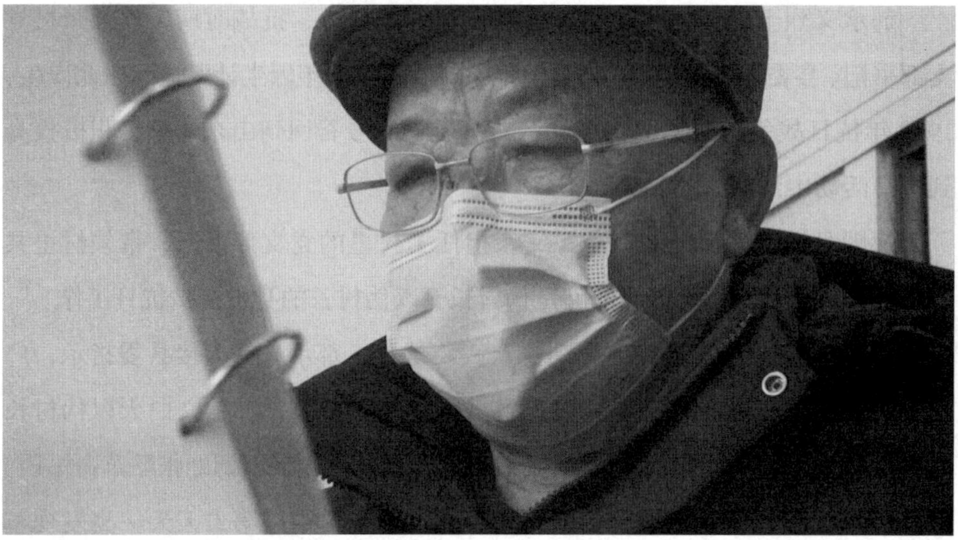

郝承义烈士的亲属看画像

打死也不承认自己的真实身份。两人被硬生生折磨了三个多月，没有泄漏一点机密。

郝殿月说：“父亲他们可真是遭大罪了，灌辣子面、坐老虎凳，最残忍的时候是用子弹往肋骨里别。后来听我母亲说，我父亲出狱的时候，肋骨都露着，肉都烂了……”

虽然郝承义被释放出狱，但身份已经暴露，从此只能转入地下，做交通员的工作。此后，郝承义长期奔走在敌占区和抗日根据地之间，维系着根据地之间、在平党组织之间的联系，除了向老联络点传递情报外，还发展了许多新的联络点和地下支部。为了自身安全，郝承义“居无定所”，今天在这儿，明天在那儿，家反倒成了“旅店”。

一晃几十年过去了，郝殿月至今忘不了1945年6月26日这个黑色的日子。这天晚上，郝承义在教场铺村过夜，原本声称要撤退的鬼子，突然满满一大片摸进了村庄，并悄悄完成了合围。直到此时，郝承义他们才从梦中惊醒。当时，村里还有县委书记和县长等领导同志，为了掩护他们撤退，郝承义主动暴露自己，想引开敌人，哪知道村里到处都是鬼子，刚跑几步就落入了敌人的魔掌，被鬼子当场用刺刀刺死。

郝殿月说，父亲牺牲的时候41岁，他才只有4岁，妹妹还未出生。虽然他有幸见过父亲，可如今七十多年过去了，父亲的样子已经越来越模糊了……

郝殿月说，虽然他现在已记不清父亲的样子，但父亲的故事却耳熟能详，记忆在心。在父亲短暂的一生中，除奸、反特、抓叛徒，那是响当当的一位英雄。他为自已有这样的一位父亲感到骄傲和自豪。

说话间，在模拟画像现场，林警官根据郝殿月老人的回忆，并参照老人的相貌及其姑姑的照片，画出了郝承义烈士的样貌。

另据街道办的工作人员了解，目前郝张村还有一位叫郝殿文的老人，是烈士的邻居，不仅见过郝承义烈士，而且清晰地记着烈士的模样。得到这个消息，林警官带着画像来到了郝殿文老人的家里。

郝殿文老人今年92岁了，当时他十五六岁，比较清晰地记着郝承义烈士的模样，可以说对林警官的烈士画像“质量”最有发言权。令人欣喜的是，老人一见画像便连连称赞，说一看画像就非常亲切，以前的不像，这个太像了。

一语落地，在场的人无不高兴异常。而最激动的还是烈士的儿子郝殿月，他说：“76年了，能看到老父亲的模样，真是做梦都想不到……”

山东省聊城市茌平区振兴街道烈士墙

感到高兴的还有茌平区振兴街道办的同志，在现场陪同画像的工作人员李娜说：“有了这个画像，回去之后，我们将尽快把以前的画像替换下来。同时我们还有一个心愿，希望有郝承忠烈士和李树郊烈士相关资料的人，尽快和我们联系。”

【烈士档案】

郝承义，山东省聊城市茌平区振兴街道郝张村人，1904 年出生，生前为茌平县委情报站站长。1938 年参加革命，1945 年 8 月 3 日在茌平牺牲，时年 41 岁。

埋骨何须桑梓地

山东省蒙阴县野店镇毛坪村大古山望天岭上，有一座抗日烈士纪念碑，上面记载着几十年前鲁中军区四团三营九连在大古山战斗中英勇牺牲的六位烈士的名字，排在第一位的烈士名叫单传义，时年仅 24 岁。

今年 68 岁的济南市民单光臣说，单传义烈士是他的二叔，自己从记事起，就非常怀念他。家里能有一张二叔的相片，可以一代代传下去，是他多年的心愿。真没想到，如今这个心愿实现了。

2020 年 7 月 1 日，林宇辉警官参照单氏家族成员的相貌特征，并以单光臣老人兄弟六人的照片等为“蓝本”，完成了单传义烈士的画像。

手捧画像那一刻，单光臣忍不住哽咽了，他喃喃地说：“是……挺好，和我父亲的脸型也差不多，一看就是一家人。虽然没见过，但感觉很像……是啊，是他。他牺牲了这么多年了，看到画像，就像亲眼见到他本人似的……”

单光臣的老家在山东新泰，从记事起，家里就有一块匾，上面写着“为国尽忠”四个大字。每年春节，村里总是派人扭着秧歌敲锣打鼓来家中挂红灯笼，送慰问品。当时他还小，只知道欢呼雀跃，却不明就里。直到有一天，奶奶把他叫到跟前，告诉他说，他还有一个未曾谋面的二叔，叫单传义。

单传义生于 1919 年，那时家里虽然清苦，但靠着种菜干点买卖等，还算

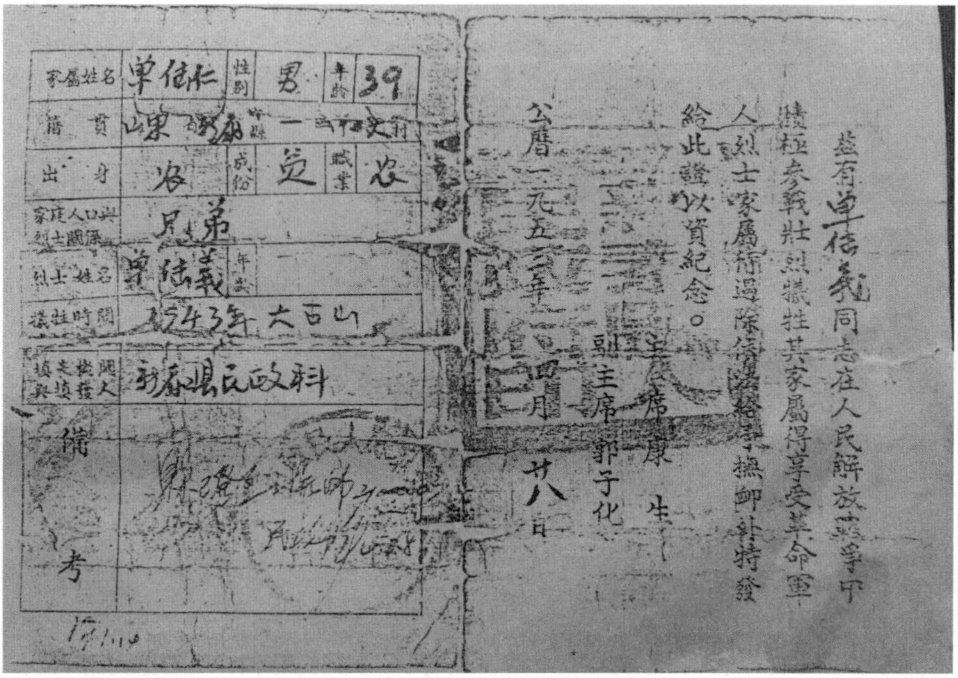

家属姓名	单传仁	性别	男	年龄	39
籍贯	山东				
出身	农	成份		职业	农
家庭人口与烈士关系	兄弟				
烈士姓名	单传義	年岁			
牺牲时间	1943年 大百山				
填表机关与填发人	新泰县民政科				
备考					

兹有单传義同志在人民解放战争中積極参戰壮烈犧牲其家屬得享受革命軍人烈士家屬優遇除依法給予撫卹外特發給此證以資紀念。

主席 康生

副主席 郭子化

公曆一九五三年四月廿八日

单传义烈士证明书

过得去，还供他上了几天私塾。一天，鲁中军区的一个侦察连长来村里宣传抗日、发展队伍。单传义动了参军的心思，但又有些顾虑。侦察连长告诉单传义说，你要是去的话，就去新泰城东北方大百岭，有个村庄叫赵家庄，要去就晚上去，在那里集合。

国家有难，匹夫有责。下定决心之后的单传义没有告诉家人，当天晚上就悄悄离家跑到赵家庄，参加了八路军，后被分配到八路军鲁中军区四团。

单传义离开家乡是在 1940 年春天，从此再也没有回来。

单传义突然“失踪”，家里一下炸了锅。全家人连同亲戚邻居找了三天三夜也没找到。一天，单光臣的父亲去集上卖菜，一位八路军侦察员悄悄走到跟前说，你们别找了，单传义已经跑到沂蒙山区，参加八路军了。我们接到情报，已经有汉奸告了密，日本鬼子要来抓你们全家，你们赶快转移，地点是新泰县（今新泰市）龙廷乡龙西庄抗日根据地。果不其然，全家人转移不久，日本人气势汹汹赶到了村里，听说全家人都已转移后，把家里仅有的七间草房一把火烧了个精光。

1945 年抗战胜利后，多年背井离乡的一家人终于重回故里。然而，不久之后，政府送来通知，家人们才得知，单传义早在 1943 年就牺牲了。

儿是娘的心头肉。单光臣说："我小时候，我奶奶几乎天天哭，天天想。我是长孙，到了 1960 年前后，我十岁左右的时候，奶奶就嘱咐我说，等我长大了，一定要到沂蒙山区找到我二叔，带他回家。"

从此后，奶奶的殷殷重托便刻在了单光臣心里。2010 年清明节前夕，已经定居济南的单光臣专程回到新泰老家，带着弟弟和侄子，边走边打听，终于在蒙阴县毛坪村找到了单传义烈士的安葬地，而且还有幸见到了当年的老游击队长、"爆破大王"臧西山和老游击队员逯怀芝。从两位老人那里，单光臣详细了解到了二叔单传义英勇牺牲的经过。

1943 年 11 月，日伪军纠集 7000 多人对鲁中军区所在地蒙阴大古山发起疯狂进攻，军区抗日军民在司令员王建安和政委罗舜初带领下，采用"翻边战术"，在新泰、莱芜、沂源、淄博、费县等地积极开展反"围攻"、反"扫荡"保卫战。

11 月 28 日晚，单传义所在的军区四团三营九连因为伤亡惨重，奉命撤退到毛坪村就地休整。当天夜里，大雾弥漫，拂晓时分，清脆的枪声惊醒了熟睡中的八路军战士，在大雾掩护下，一队日本兵已经悄悄摸进毛坪村。

敌人有备而来，而我军连日作战，伤亡较多，在这种敌强我弱的情形下，如果不马上转移，部队和当地百姓就会遭遇灭顶之灾。部队领导当即决定，留下部分战斗人员火力阻击引开敌人，掩护大部队和群众转移。这个光荣而艰巨的任务就落在了九连六班六名战士的肩上，班长单传义带队指挥。

为了把敌人引到部队转移的相反方向，在大雾的掩护下，单传义他们跑一段路放两枪，跑一段路放两枪，最后跑到了大古山望天岭中间的山头上。凭着地利优势，六名战士居高临下和山下的鬼子展开激烈战斗。鬼子几次摸到望天岭下，都被六名战士用机枪、步枪和手榴弹打退。鬼子气蒙了，调集大批兵力在迫击炮和机枪的掩护下轮番进攻望天岭，却因山陡路滑，几次冲锋失败。

其间，在大雾掩护下，大部队和村民抬着伤员悄悄撤退到了安全地带。回忆起这惊心动魄的一刻，臧西山和逯怀芝两位老人激动地说：“没有他们，我们早就没有了。”

据两位老人回忆，当时，战斗从早晨七点一直持续到上午十点多。此时，大雾慢慢散去，鬼子从望远镜里发现山上原来只有六名八路军战士，顿时恼羞成怒，重新调集兵力从山前山后两面夹击。危急时刻，全班唯一的一挺机枪突然卡壳，而战士们的手榴弹和子弹也打光了。面对蜂拥而至的鬼子，六名战士没有丝毫畏惧，挺起刺刀冲向了日寇……这一刻，阵地上没了枪炮声，只有愤怒而昂扬的喊杀声和刺刀撞击的声响。最后，六名战士寡不敌众，陆续倒在了血泊中……这悲壮惨烈的一幕被隐藏在对面山头的逯怀芝等人一一看在眼里，记在了心上。

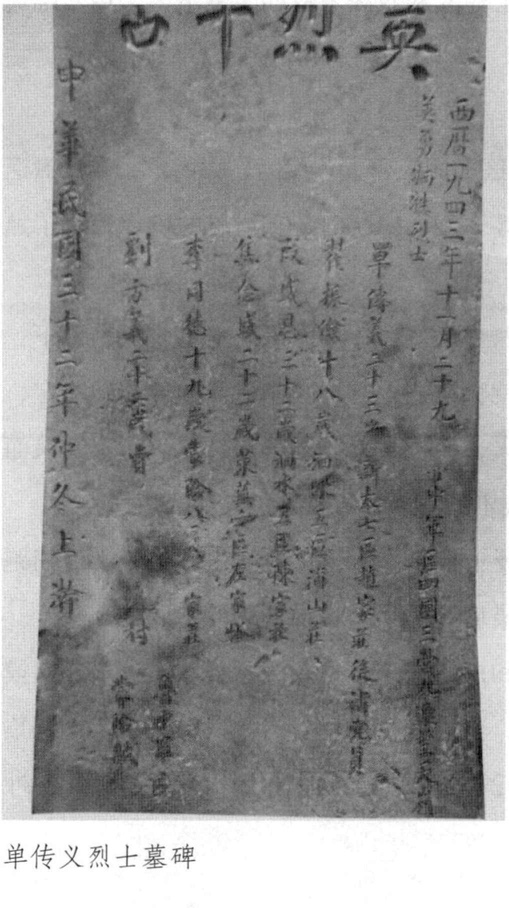

单传义烈士墓碑

几天后，游击队员们打扫战场，发现其中五名战士已经牺牲，肠子都被挑了出来。而在战场200米处，朝着部队转移的方向，他们发现了一名浑身是血、奄奄一息的战士——单传义，他还在吃力地向部队的方向爬行……但由于伤势过重，虽经全力抢救，单传义还是光荣牺牲了。

战后，鲁中军区和村民在毛坪村安葬了六名烈士，并树起了烈士纪念碑。单光臣在征得村里同意后，将这块石碑安放在了烈士们英勇牺牲的地方——大古山望天岭。

【烈士档案】

单传义，山东新泰人，1919 年出生，1940 年参军，1943 年在蒙阴县大古山战斗中牺牲，时年 24 岁。

我的爸爸是“卧底”英雄

在山东省临沂市平邑县的元郭二村，有一对年迈的姐弟，他们历经岁月沧桑的心里，一直记挂着英年早逝的烈士父亲。88 岁的姐姐说，她想再见一见父亲的样子，时间久了，她已经快记不清了。78 岁的弟弟说，父亲牺牲那天，他刚出生，自小就没见过父亲，他很想知道父亲的模样。接到这个求助信息，模拟画像专家林宇辉便第一时间从济南赶到了平邑。

烈士的儿子林清峰介绍：“我父亲是晚上牺牲的，我出生在他牺牲后的几个小时后，天刚亮。那时候敌人说，我们家要是有男孩，就全家跟着遭殃，所以，为保护我，从小就给我扎着耳朵眼，我的小名就叫三妮。”

林清峰已经 78 岁了，可每当提起父亲林化惠，他总是难掩心中的悲痛和遗憾。悲痛的是，父亲被害时，还不知他是男孩女孩，更不曾见过他这个遗腹子；遗憾的是，从小听着父亲的故事长大，却不知道父亲到底是什么模样。“三妮”的乳名和耳朵上几十年都不曾消失的耳洞，是林清峰此生对父亲思念和牵挂的印记。

林清峰说：“我想着是，为人一生，虽然八九十了，到死也想看看父亲到底长得什么样子……”

林清峰的父亲林化惠烈士，1905 年出生，九岁失去母亲，十三四岁就跟着家里的亲戚在南京上学。1935 年前后，30 岁的林化惠开始参加革命工作，1939 年正式加入中国共产党。同年，八路军东进支队司令员彭雄，深入蒙山

林化惠烈士证明书

一带，领导鲁西南地区开展抗日斗争，开辟抗日根据地。因组织需要，林化惠被调到彭雄所部，任地下情报员。他积极组织附近群众，及时为部队运送粮食和鞋服等物资。后受命打入刘黑七（原名刘桂棠，因此匪心狠手辣，皮肤又黑，且他与八个地痞结拜时排行老七，故当地人称刘黑七）匪部，做瓦解土匪的内线地下工作。

刘黑七是霸占一方的悍匪头子，其势力发展很快，到处烧杀抢掠，为非作歹，危害一方。林化惠成功打入刘黑七帮派内部，逐渐取得了刘黑七的信任。

抗日战争全面爆发之后，刘黑七卖国求荣，经常勾结日伪军袭击抗日根据地，在老费县（我党政府根据斗争需要，后又析分设立了平邑县）一带烧杀抢掠。林化惠利用刘黑七的信任之便，及时传送情报，使我方第一时间掌握敌方动向，在最短时间内做好转移和防御工作，对牵制刘黑七势力做出了巨大贡献。同时，他还想方设法营救出了许多同志和革命群众，新中国成立后担任平邑县委书记的李伯瑾同志，专门为此写了证明。

但是后来林化惠的身份被叛徒出卖了，刘黑七在一天夜里带着人马，把林化惠堵在了家里。

据林化惠烈士的女儿林清英回忆："那天，我家前门支着机枪，后门也支着机枪，我一出门就看见很多枪上有刺刀，吓得我抱着我娘哭。"

林清英已经 88 岁了，很多事情也已经记不清了，但 1942 年 7 月，刘黑七带人到家里抓父亲的那一幕，她却始终记得很清晰。那个时候的林清英才只有十岁。

林化惠被刘黑七一帮人抓走后，林家人就到处去寻找，想要找到林化惠的下落，直到听到一声枪响……

最后，在一片高粱地里，林家人找到了被枪杀的林化惠烈士。

据林清英回忆，父亲牺牲时穿的是件白褂子，上面全部都是血。用剪子剪开了褂子，都脱不下来……每当想起这一幕，林清英就会失声痛哭……

恶贯满盈的刘黑七匪部，终于在1943年11月被我八路军彻底剿灭，也算是给林化惠等牺牲的同志和长期遭受其祸害的乡亲们报仇雪恨了。

在林清英的记忆中，父亲不仅高大魁梧，而且面貌很英俊，可是随着时间的流逝，父亲的样子越来越模糊了。虽然林清峰没见过父亲，但是听着父亲的故事，在他的心中，父亲就是一位英勇无畏的英雄。现在两位老人，就想再看一看父亲的形象，实现多年来的一个心愿。

模拟画像专家林宇辉警官通过烈士子女以及仍健在的烈士同宗兄弟的描述，开始为林化惠烈士画像，在进行了两次修改后，画像完成。

林清英对着画像说："父亲，我是大妮，我今年都88岁了，也老了……"

终于见到父亲长什么样子的林清峰老人抱着画像泣不成声："父亲，我是您的儿子，您好好地看看我……让我也好好看看您，永远记住您的模样……"

两位老人终于圆了见一见父亲形象的心愿，我们感到特别欣慰。正如林家后人所说："我们的革命先辈付出了无数鲜血和生命，我们才能有现在这么好的生活。作为烈士的后代，我们非常自豪，我们一定要正直，一定要有奉献和牺牲精神。"

林化惠烈士的亲属看画像

【烈士档案】

林化惠，山东临沂平邑县人，1905年出生，1935年参加革命工作，1939年正式加入中国共产党。同年，因组织需要，林化惠被派到当地土匪刘黑七部下，做地下工作。1942年7月因叛徒出卖，在元郭村南湖被敌人枪杀，时年37岁。

一位抗日英烈子女的思念

高玉书，一位从枪林弹雨中走出的老人，今年94岁，是中国人民解放军总参信息化部北京第一干休所离休干部，河北迁安人。他12岁参加革命，不管是在抗日战争时期，还是在解放战争中，都冲锋在前，多次完成重大保障任务。2015年9月3日，他光荣出席了在北京天安门广场举行的纪念中国人民抗日战争暨世界反法西斯战争胜利70周年阅兵式。

回忆起参加阅兵仪式的情景，高玉书老人激动不已："我首先作为总参八路军老战士，其次是以抗日英烈子女的身份参加了阅兵典礼。党和国家没有忘记英烈，这对我们后代是极大的安慰，能参加阅兵，非常光荣。"

高玉书老人是从枪林弹雨中走出来的，刚毅果敢，但在他的心中，也有柔软的一面，他一直想念着一个人，这个人影响了他的一生，是他心目中的英雄，这个人就是他的父亲——王平陆烈士。

王平陆，原名高永祥，1902年出生，生前曾任华北抗日联军第三军区一支队司令员，被誉为"打响冀东抗日第一枪的人"，还是民政部公布的第一批著名抗日英烈。1938年1月，王平陆率队攻打日伪据点，不幸中弹牺牲。

高玉书回忆说："父亲牺牲那年我才12岁，敌人要斩草除根，活要见人，死要见尸，党组织就秘密派人把我从家中接走了。一个月以后，敌人来到我

综合

民政部公布第一批300名
著名抗日英烈和英雄群体名录

民政部公布的第一批著名抗日英烈和英雄群体名录，王陆平烈士位列其中

们村，要抄我们家，我爷爷跳墙跑了，我老姑一看情况不对，也弃家逃了出来。”

1938年4月，年仅12岁的高玉书被人从家中接出，转移到了遵化的一个村子藏了起来，这才躲过了日军的抓捕。之后，高玉书正式加入抗日队伍，走上了抗日战争的前线。

1938年6月下旬，冀东抗日联军成立，中共冀热边特委书记李运昌为司令员。在李运昌的关怀下，高玉书跟着部队奔走多地。由于他年纪小，先加入了抗联宣传队，后来又跟着八路军到了北平西，辗转到晋察冀抗日根据地，又从晋察冀到了延安。其间，高玉书在多次战斗中完成重大保障任务，受到了部队首长的表扬。

高玉书自豪地说：“我一生受父亲和革命前辈的影响，我要继承父业。我父亲就是打响冀东抗日第一枪的人，也是冀东抗日大暴动的揭幕人。”

据记载，高玉书的父亲原名高永祥，1932年春加入中国共产党，为了安全和活动方便，改名王平陆。1933年，任中共迁安县委书记。1934年1月，在京东特委的领导下发动了迁安暴动。暴动失败后，王平陆转移到滦县、乐亭一带继续活动。同年，动员20多人参加孙永勤领导的民众抗日救国军，并代表京东特委指导救国军的建军工作。1936年，任中共冀热边特委书记、特委军事部长。1937 年 12 月初，在冀东抗日大暴动的前夜，组建华北抗日联军第三军区第一支队，任支队司令员。1937 年年底，华北人民武装自卫会冀东分会成立，王平陆任分会常委，负责冀热边区抗日游击战争的发动工作。

据《河北革命回忆录》记载，时任冀东抗日联军司令员李运昌回忆抗战初期的几位战友时曾提道："（王）平陆那年三十多岁，长得很英武，高个子，大眼睛，白净脸膛，看上去很精神也很和善……他爱人和弟弟妹妹都参加了革命……在村里很受爱戴，很有号召力。这样，选择他家做秘密开会和碰头的地点很合适。"

高玉书说："当时父亲他们开会时从不回避我，有时候还抱着我坐在他腿上让我一块听……'西安事变'后，父亲给村里的党员传达事变的情况，就在我奶奶那屋，爷爷奶奶也听，我躺在床上，趴在那儿听……"

从记事起，高玉书就一直看着父亲为了保家卫国东奔西走，虽然好几次身处险境，但万幸的是都有惊无险。

1937 年抗日战争全面爆发后，当地百姓在日伪的严苛统治下苦不堪言，但又畏惧日伪的淫威，敢怒不敢言，这时急需一支革命队伍引导百姓反抗。于是 35 岁的王平陆和战友们挺身而出，在冀热边区率先发动抗日游击战争，并在迁安西部正式组建了"华北抗日联军第三军区第一支队"，王平陆任支队司令员。1938 年 1 月，王平陆率部袭击"清河沿"日寇据点。日军带领汉奸联合出动，南北夹击，年仅 36 岁的王平陆胸部中弹，次日因失血过多，英勇牺牲。

"清河沿"战斗打响了冀东人民反击日本侵略者的第一枪，拉开了冀东人民抗日大暴动的序幕。它向残暴的日寇英勇无畏地宣布，中国人绝不做逆来顺受的奴隶！

如今 82 年过去，从枪林弹雨中走出来的高玉书，性格果敢刚毅，面对敌人的炮火时他都不曾退缩害怕，但父亲始终是他心中最柔软的存在。他说："想啊……我父亲牺牲得太早了，从小我就想，我父亲这么早就牺牲了，实在太可惜了。每次想起我父亲，我都激动地掉眼泪，控制不住的……"

除了想念父亲，老人心中还有一个难言的伤痛，那就是几十年前，父亲留下的唯一一张照片丢失了。为此，他曾经托人给父亲画像，但画得太瘦弱了，根本不像，塑的铜像又是另外一个极端，也不像。高玉书一直记得，奶奶活着时，经常说起他父亲怎么好怎么好。高玉书记忆中的父亲是个很高大、身体很灵活、身材匀称的人，就像他小时候看过京剧里的武生。

从此以后，给父亲画像成了老人的一块心病。幸运的是，他碰到了一群山东好人——林宇辉警官一行。

2020 年 9 月 14 日这一天，在北京高玉书家中，林警官根据老人的回忆和所提供的他姑姑、奶奶的照片描画出了王平陆烈士的面容。

尽管年事已高，但在林警官画像过程中，高玉书老人一直看着，一步也不愿离开。是啊，与父亲分别了整整 82 年了，时至今日，老人仍清楚地记得最后见到父亲时的情形，那天父亲还派他去侦察伪军在他们村的驻扎情况。他还清楚地记得父亲特别疼他，每天抱着他睡觉……有一次他从睡梦中醒来，

高玉书与父亲王平陆烈士的塑像

发现父亲正抱着他在院子里走，哄他睡觉……能与父亲“相见”，老人已经盼了太久太久。今天，这个心愿终于可以实现了。

在见到父亲画像的那一刻，高爷爷的思绪仿佛回到了小时候，那个时候的他只有 12 岁……高玉书动情地说：“爹，我想您多年了，今天终于见到您了……画像太好了，我很满意。我要向我们的后代传承您的革命事迹，不忘记前辈的光荣传统，不忘祖先为国家做过的贡献，好好发扬和传承你们的精神……”

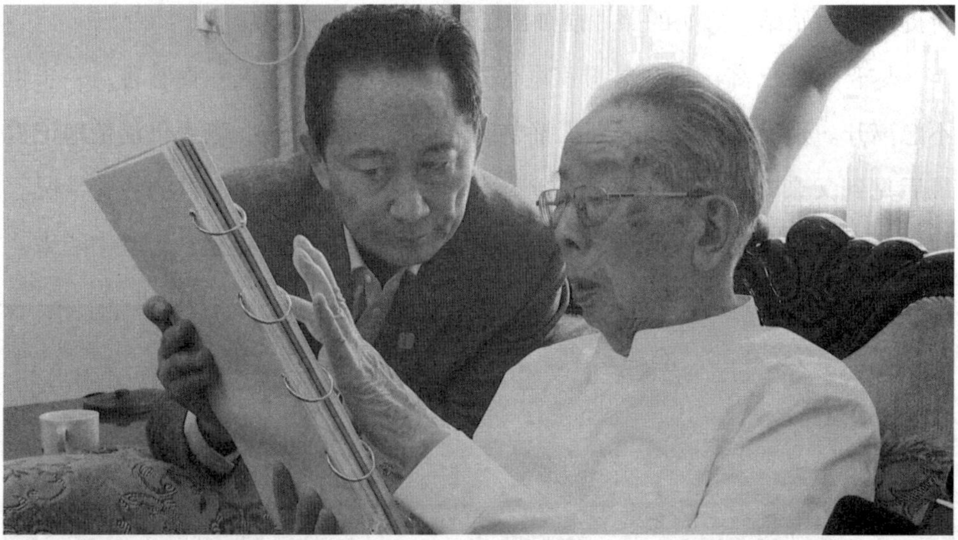

王平陆烈士的亲属看画像

老人对父亲的深情，深深地感染了在场的每一个人。连林警官这样的钢铁汉子也禁不住流下了热泪，他说：“革命先烈值得我们每一个人永远记在心中。能为烈士把画像画好，并得到其家人的认可，我太高兴了！”

【烈士档案】

王平陆，原名高永祥，河北迁安人，1902年出生，1932年加入中国共产党，1937年12月建立“华北抗日联军冀东第一支队”，任支队司令员。1938年1月在率队攻打日伪据点时中弹牺牲，时年36岁。

牺牲在沂蒙大地的抗日英雄

几十年了，在江苏省邳州市冯遵标家里一直珍藏着一张烈士证，烈士的名字叫冯昭彬，是冯遵标的爷爷。

冯遵标说，爷爷冯昭彬 1907 年出生，入党的时候也才 19 岁。1945 年，爷爷奉命到山东执行任务，在临沂与日寇作战中壮烈牺牲，时年 38 岁。

噩耗传来，奶奶伤心过度，不久也撒手人寰，家里只剩下了两个孩子——冯遵标的父亲和姑姑。那时，父亲 12 岁，姑姑只有 4 岁。

冯遵标说，父亲生前也没有跟自己说过多少关于爷爷的故事，因为他也不太清楚那些年爷爷在外面是如何度过的。“印象中最深的是听父亲说过，敌人听说我爷爷牺牲了，还跑到家里要求开棺验尸，核实是否是这个人……父亲工作后也喜欢翻阅各种资料，想来就是在挖掘和整理爷爷生前的一些资料，只不过囿于当时的条件，没能系统性地整理出爷爷的生平资料。”

2012 年，冯遵标的外甥参加公务员考试，回来和冯遵标讨论考题，其间，一道考题引起了冯遵标的注意，他觉得考题中出现的人或许就是自己的爷爷。此后，冯遵标专门查阅了中共邳县党史、组织史、东海党史和山东党史等相关资料，并循着爷爷的脚步，先后去了连云港、临沂等地。功夫不负有心人，在冯遵标的努力下，冯昭彬烈士的“红色足迹”慢慢清晰起来。

冯昭彬，又名冯玉超、冯昭金，江苏邳县铁富乡沂河东冯家村（今江苏省邳州市港上镇南楼村）人。中共邳县早期党员，幼年入私塾启蒙，后转入县立初级小学。1923年，入邳县第一高等小学，学习期间积极参加爱国活动，探讨追寻革命真理。1925年，冯昭彬和爱国同学一起掀起了驱逐反动校长的“邳县一高”学潮。

据1926年11月30日中共徐州独立支部写给中共上海县委的报告记载，1926年9月，中共徐州独立支部派遣中共党员陈亚峰来邳县初立师范学校，以教导主任的身份为掩护开展建党工作。同年9月，冯昭彬在邳县初立师范学校加入中国共产党，同年11月，冯昭彬、范玉贤、姜景义等10名共产党员在学校建立了中共邳县第一个党支部，冯昭彬是负责人之一。

冯遵标说，他查了各种资料，才拼凑出爷爷参与过的那段历史。冯昭彬

冯昭彬烈士证明书

在邳县第一高读书时就积极参加爱国活动，追求革命真理，这与当年家里的不幸遭遇不无关系。当时，村里有土豪横行霸道欺负邻居一家，冯遵标的曾祖父出来阻止，被开枪打死，年仅三十多岁。当时的冯昭彬还在上学，这更激发了他的上进心，增添了他推翻黑暗的旧社会的勇气和力量。

1927 年 4 月 12 日，国民党反动派在上海发动“四一二反革命政变”，大肆逮捕和屠杀共产党员。留在邳县的共产党员姜景义、孙文源、冯昭彬三人没有被白色恐怖吓倒，他们利用各种便利条件继续进行秘密工作。当年秋天，冯昭彬和孙文源、姜景义一起在“一高”发展了一批共青团员，并成立了第一个共青团邳县支部。截至 1928 年 4 月，邳县各地已有共产党员四十多人，共青团员十多人，形成了邳县异于江南的政治局面，当时亦有“红邳县”之称。

后来，因冯昭彬身份暴露，在组织的安排下奔赴苏鲁等地进行秘密工作，开展革命斗争。其间，冯昭彬在东海（今江苏省连云港市）山左口学校以教导主任的身份为掩护，继续开展革命工作。

1939 年 6 月，冯昭彬在东海率队参加八路军 115 师，在政治部工作。其间，先后担任海陵县（今江苏省泰州市海陵区，下同）县大队副大队长、大队长等职务，并参与了滨海地区抗日根据地的创办和建设。1942 年 8 月，参加海陵反“蚕食”战役。

1943 年 6 月，根据革命形势的需要，滨海区党委、滨海军区组建武装政治工作队，向日照、莒中、临沭、郯城、海陵、赣榆等敌占区和铁路沿线隐蔽进军。冯昭彬大队长兼政委率领的武装政治工作队在苏鲁两省的郯城县、海陵县泉源头等地开展军事、政治斗争。

1945 年，冯昭彬奉命奔赴山东鲁南执行任务，在郯五区与日寇遭遇，不幸壮烈牺牲，年仅 38 岁。政治工作队的同志冒着生命危险将他的遗体隐秘地送回故乡安葬。

冯遵标说，从懂事起，他的心中就一直有一个心愿——想见见爷爷。没想到在自己 53 岁这年，愿望竟然真的实现了。

冯昭彬烈士之墓

原来，就在他查找资料时，偶然看到了林宇辉警官的“双百计划”，即为一百位革命烈士和一百位被拐卖儿童画像。几番辗转，在山东媒体的帮助下，冯遵标联系到了林警官。但冯遵标的父亲和姑姑近年来相继去世，他只能提供一张自己父亲的证件照。在林警官的认真描摹下，冯昭彬烈士的面容跃然纸上。

那一刻，冯遵标仿佛亲眼见到了让他思念了几十年的爷爷，那些念叨了多少年的话，也终于可以说给爷爷听了。

“爷爷，我一直在想您的形象。您的形象、您的精神，我们家人时常念想。爷爷，您安息吧！您牺牲的时候，是在山东，今天我要把您带回咱们老家……非常感谢林老师，能把爷爷的画像请回去，也圆了全家的一个愿望。”冯遵标说：“回家后，我打算先将爷爷的画像拿到父亲的墓前，让他们父子团聚。等下次再去陵园祭拜爷爷的时候，也终于不用只对着一座墓诉说思念了！”

【烈士档案】

冯昭彬，又名冯玉超、冯昭金。江苏邳县（今邳州市）人，1907 年出生，1926 年加入中国共产党，邳县第一个党支部创建人之一，1945 年在山东执行任务时牺牲，时年 38 岁。

血染故土沃春华

在安徽省淮北市濉溪县，有这样一位九旬老人，他的家庭虽然早已是四世同堂，温馨和睦，但在老人心里，总有一个让他几十年来“耿耿于怀”同时又让他朝思暮想的人，这人就是老人的父亲——张厚义烈士。

为了能完成老人再见一见父亲的心愿，模拟画像专家林宇辉一行人专程从济南动身赶到了老人的家乡——安徽濉溪。

老人叫张传贤，今年九十多岁，而父亲去世时他才七八岁。紧握着林警官的双手连声道谢后，老人慢慢讲述起了记忆中的父亲。

张传贤说：“父亲参军的时候，我才四五岁的样子，大体记事了。他在村里宣传办学，办夜校，教人识字。其实那个时候就听人讲，他秘密参加共产党了。”

据介绍，张厚义烈士开办夜校是在 1933 年，随着十里八乡前来学习的群众越来越多，张厚义越来越忙碌了，几乎一天到晚不是忙着开会就是教书，以至于独独忽略了对自己儿子的陪伴。

张传贤回忆说：“记忆中，父亲总是不在家，晚上开会，白天也开会。有时在我家开会都到凌晨两三点。”

据张厚义烈士的孙子张安临后来考证，张厚义烈士于 1937 年加入中国共产党，1938 年底濉溪党支部成立，张厚义任支部书记，家就是党支部所在地，同时也是地下联络点之一。党支部成立不久，随着日寇的铁蹄步步逼近，濉溪经历了血与火的严酷洗礼。

张安临说，濉溪县是安徽与江苏两省交界处的交通要道，每逢前线有战事，敌方的兵力转运、后勤补给都会从这里经过，地方抗日武装力量曾多次配合部队展开阻击战。

1938 年 12 月的一天，在濉溪县西二铺，张厚义烈士与日寇遭遇了第一仗。由于敌众我寡，加上日本兵装备精良，张厚义身负重伤。而此时日本兵已经近在眼前且步步紧逼。危急时刻，张厚义仰面朝天，一手紧握手榴弹，一手抓着枪，准备与鬼子同归于尽。鬼子走到近前一看，张厚义肠子都露出来了，感觉他也活不了多久了，于是狠狠地往张厚义身上戳了一刺刀就走了。幸运的是，张厚义大难不死，被战友搭救，并慢慢恢复了健康。

死里逃生后的张厚义并没有被吓倒。1942 年，在又一场配合大部队对日寇发起的阻击战中，张厚义再次受伤，这次更为严重。

张安临说："我爷爷这次是配合新四军反'扫荡'，在宿州符离集被敌人开枪击中，子弹从嘴里打进，从后脑勺钻出，人当时看着就不行了，最后传言说我爷爷牺牲了。"

消息传来，一家人都陷入了无比的悲痛中。但让人意外的是，在战斗结束四个多月以后，张厚义却又出现在了家人的面前。这真是喜从天降，一家人欣喜若狂。

原来，张厚义受伤后，被部队紧急送往野战医院，经全力抢救，又捡回了一条命，四个月后出院回家。

据村里人说，张厚义烈士曾先后五次身负重伤，但都奇迹般地挺了过来。1944 年冬天，日寇向前线增援，张厚义再次受命带领队伍阻击敌人，但这次，奇迹没能再现。

张安临说："据说当时整个濉溪县大队都来了，差不多三个连都来了，因为日本鬼子太多了。我爷爷当时是连指导员，负责掩护整个县大队转移。

张厚义烈士证明书

日本鬼子以为是大部队，于是调集重兵一直紧追不放，结果他们被成功引到了山上。”

由于敌我力量太过悬殊，张厚义等人陷入了日寇重重包围之中，在敌人密集的火力下，我方不断有人受伤倒地。张厚义等人凭借地理优势，居高临下，顽强阻击，战斗持续到第二天下午，仍未停息。而此时，孤身作战的张厚义已是弹尽粮绝，且身负重伤，而山下大批鬼子兵仍然蜂拥而来。

张厚义知道自己不能脱身了，挣扎着在身旁一块大石板上仰面躺了下来，也许，在生命的最后一刻，他要看看家乡的天，看看身边倒下的战友……当鬼子撤退以后，人们找到了他早已冰冷的遗体，他身下的石板上，是一大片刺眼的暗红……

张厚义牺牲时，张传贤只有七八岁。他说年少时，自己也“恨过”父亲，“恨”父亲为什么早早离开了自己，没有保护自己，“恨”原本属于自己的那份父爱，却是从未有一天享受过。尤其是每当看到身边的小伙伴回家都有父亲的陪伴时，他都会伤心难过。但是当时间慢慢沉淀，当自己慢慢老去时，心中原本对父亲的“恨”，却变成了沉甸甸的思念，而这份思念，随着时间的流逝愈发浓厚。

近八十年了，父亲牺牲后的情形他还记在心中，棺材中的父亲穿着灰色的新四军军装，像是睡着了……

说话间，经过沟通、分析、揣摩，张传贤老人期盼中父亲的样子，在林警官的笔下渐渐生动起来。

看着父亲的画像，张传贤激动不已，但他又提出了一个特殊的要求——有点笑意就好了。因为他记得那时父亲回到家，总给家人讲笑话、说故事，脸上总是笑眯眯的。

根据老人的要求，林警官很快画出了烈士虽面庞清瘦却面露一丝微笑的画像。手捧画像，老人难掩内心的激动，连声说：“像，像父亲啊！父亲，虽然您已经离开我们快八十年了，但是您一直活在我们全家人的心里。见到亲爹了，我见到亲爹了。谢谢，谢谢！”

张厚义烈士的亲属看画像

【烈士档案】

张厚义，安徽濉溪人，1912 年出生，1938 加入中国共产党，生前为濉溪县濉东区队连队指导员，1944 年 11 月牺牲，时年 32 岁。

抗日战争中牺牲的英烈画像

傅文彩　高连成　韩彦会　靳德翠　李殿臣　李炳秀
刘利福　刘庆普　刘天俊　刘占鳌　吕瑞廷　乔明增
王道岐　王如刚　危兴德　谢仲琴　薛新安　于任武
袁寿先　姚华文　张　林　张璋保

【烈士档案】

傅文彩，山东寿光人，1918 年出生，1936 年加入中国共产党，生前为广饶县第八区战地动员委员会主任，1942 年被日伪特务团逮捕入狱，同年 3 月英勇就义，时年 24 岁。

【烈士档案】

高连成，山东泰安人，1910 年出生，1939 年加入中国共产党，1942 年牺牲，时年 32 岁。

【烈士档案】

韩彦会，山东章丘人，1916 年出生，1937 年参加革命，1939 年在沂源县南麻村牺牲，时年 23 岁。

【烈士档案】

靳德翠，山东德州夏津人，1924 年 4 月出生，1940 年参军，生前为冀南军区战士，1945 年 5 月牺牲，时年 21 岁。

【烈士档案】

李殿臣，山东德州齐河人，1922 年 9 月出生，1941 年在肥城县（今肥城市）西陈庄牺牲，时年 19 岁。

【烈士档案】

李炳秀，山东聊城人，1920 年出生，生前为茌北抗日联防赤卫队队员，1940 年牺牲，时年 20 岁。

【烈士档案】

刘利福，山东滨州邹平人，1918 年出生，1939 年于桓城战斗中牺牲，时年 21 岁。

【烈士档案】

刘庆普，山东茌平人，1912 年出生，1938 年加入中国共产党，1944 年 7 月在战斗中英勇牺牲，时年 32 岁。

【烈士档案】

刘天俊，山东德州陵城区人，1920年出生，生前是八路军一一五师教导六旅十七团一营战士，1941年10月在临沂牺牲，时年21岁。

【烈士档案】

刘占鳌，河北饶阳人，1921 年 3 月 6 日出生，1939 年加入中国共产党，生前为饶阳县二区区委书记。1943 年 6 月 11 日在南山村执行任务时牺牲，时年 22 岁。

【烈士档案】

吕瑞廷，字允贞，山东省桓台县人，出生年月不详，1945 年牺牲。

【烈士档案】

乔明增，山东泰安肥城人，1912 年出生，1940 年于河南范县七里河战斗中牺牲，时年 28 岁。

【烈士档案】

王道岐，1907 年 1 月出生，1945 年 5 月在沙河战役中牺牲，时年 38 岁。

【烈士档案】

王如刚，山东临沂人，1921 年 9 月出生，1945 年在蒙阴战斗中牺牲，时年 24 岁。

【烈士档案】

危兴德，陕西南郑人，出生年月不详，1945 年牺牲于抗日战争中。

【烈士档案】

谢仲琴，又名谢家庆，河南驻马店确山人，1911 年出生，1929 年参加中国工农红军，1933 年加入中国共产党，1940 年牺牲，时年 29 岁。

【烈士档案】

薛新安，山东泰安人，1909 年出生，生前为泰西县七区武工队队长。1941 年在泰安县（今山东泰安）大展庄牺牲，时年 32 岁。

【烈士档案】

于任武，山东莒龙山镇上卢河村人，1908 年出生，中共党员，生前为莒县寨里区区长，1940 年在莒县牺牲，时年 32 岁。

【烈士档案】

袁寿先，山东德州庆云县人，1909 年 3 月年出生，1938 年参加革命，1939 年 9 月在延安牺牲，时年 30 岁。

【烈士档案】

姚华文，山东荣成人，1926 年 2 月出生，1942 年参加革命，生前为胶东军区司令部战士，1943 年 8 月在胶东古格战斗中牺牲，时年 17 岁。

【烈士档案】

张林，原名张承先，山东东营龙居镇十三图村人，1920 年出生，1939 年 4 月在太河惨案中英勇就义，时年 19 岁。

【烈士档案】

张璋保，江苏常州武进区人，1913 年出生，1941 年牺牲，时年 28 岁。

解放战争

为了全中国人民的幸福

解放战争，亦称“第三次国内革命战争”。是中国人民在中国共产党的领导下，为推翻国民党反动统治、解放全中国而进行的战争，是一场事关中国前途命运的大决战。

在这场战争中，无数革命先烈抛头颅、洒热血，为了中华人民共和国的成立流尽了最后一滴鲜血。他们中很多人正值青春年华，家中有父母妻儿，却都义无反顾地走向了战场，留下的只有坚毅的背影和家人绵绵无尽的思念。

战争年代的远行，一别或成永远。随着时光的流逝，他们的事迹或许正慢慢变得模糊，但总有些精神是时光带不走的，那些曾经用鲜血乃至生命换来新中国成立的先烈们，任凭海枯石烂，地老天荒，必将浩气长存。

我们要向那些无畏牺牲的革命先烈们致敬！正是有了他们的付出，才有了我们今天的幸福生活。

勇士不死，他们的精神将会永存，他们的面容我们也不能忘记，基于此才有了今天的公益画像活动，才让我们深深懂得，在珍惜当下的同时，更要缅怀他们，铭记他们，将他们的精神和故事一代代传承下去。

铮铮铁骨震敌顽

在离山东文登千里之遥的黑龙江省林口县龙爪乡南山西坡，矗立着一座高3.5米、宽1米、厚约0.4米的纪念碑，碑身阳面镌刻着“于化南烈士殉难地”八个金黄色的大字，碑身后面为红色志铭，记载着烈士生平。

于化南，字诗勋，化名李文生，代号：“诵”。1904年7月20日出生于山东省文登县宋村镇东孔格庄一个农民家庭，幼时读了六年私塾，15岁时到文登师范就读。期间，他涉猎了大量的进步书刊，在心里埋下了革命的种子。

……

于化南烈士之子，今年已96岁高龄的于培宽老人说，听我祖父讲，父亲青少年时期性格刚强，读书品学兼优，怀有远大志向，评论国家大事有独到见解。在文登师范毕业后，因撰文抨击时弊引起官府注意，要招聘他去县府任职，被其断然拒绝，毅然回乡当起了小学教员。

在老人心目中，父亲是顶天立地的英雄。然而，对于当年那个只有七岁的孩子来说，童年却是残缺的。老人说：“那是我上小学的第一年，父亲去了东北，就再也没有回来，我再也没有见到他。人家有爹有娘的孩子是一种什么心情，我体会不了”。

八十多年过去，弹指一挥间，在老人的记忆里，父亲的容貌是模糊的，因为父亲走得太早，儿时的脑海里尚未形成清晰的印象；父亲又走得太久，以至于没有了回首再仰望的机会。父亲留给他的，只剩下远去的身影和无尽的思念。

据有关史料记载，于化南1932年去黑龙江省饶河县投奔“闯关东”的父亲于树兰谋生。当时，日本侵略者已经占领了东北，北上沿途所见所闻是日寇横行霸道、民不聊生的悲惨景象。这激发了他救国救亡的民族情感。找到父亲后，就积极投身于反日会，从事地下抗日救国斗争。1933年于化南加入中国共产党，参加饶河县委，翌年任中共饶河县委委员。期间，他多次参加战斗，且担负募集粮秣任务，奔走于崇山峻岭间，风餐露宿，而不以为苦。1935年任吉东道北特委委员和吉东特委委员，不久，被派去延安学习。1936年担任中共中央驻满洲代表联络员，代号“诵”。负责东北抗日联军周保中将军和延安之间的联络工作。1937年，任中共吉东省委常委。之后，曾到莫斯科东方大学学习。1938年回到延安，曾入中国人民抗日军事政治大学学习，后留在陕北工作。1945年抗战胜利后，于化南随中共中央工作团挺进东北，任中共牡丹江省东安地委书记兼专员。11月10日，于化南又被编入合江省工

于化南烈士证明书

作分团，15 日到达勃利时，被组织留在勃利县，负责勃利、密山、虎林、穆棱、林口等地的建党、建军和建政工作，任地委书记兼专员。12 月 13 日夜间，被三江人民自治军收编的地方武装头目勃利独立团团长孙荣久叛变投敌，袭击了中共中央工作团驻勃利分团，于化南指挥县总队对叛匪进行了猛烈还击，在敌众我寡的形势下主动撤出勃利县城。19 日清晨，于化南等人来到林口县龙爪乡一心屯一户村民家歇息时被人告发，国民党张雨新部二十四团营长盖本友带人将其逮捕。由于事发突然，于化南身上携带的红军票券等没来得及销毁，加上腰挎手枪以及浓重的关里口音，匪团长段振久认定他一定是共产党的干部。匪团副梅双吉是抗联叛徒，指认他为共产党要员。因此匪徒连夜对他施以酷刑拷问。于化南铁骨铮铮，坚贞不屈。匪徒在他身上没有得到任何想要知道的东西，最后对他下了毒手，

1945 年 12 月 20 日上午，匪团长段振久亲自指挥，把于化南押往龙爪南山，关外寒冬，滴水成冰，丧心病狂的匪兵们把于化南御寒的鞋帽衣服剥光，让他光着脚站在雪地里。于化南迎着凛冽的寒风，慷慨激昂地说："虽然杀了我于化南，但你们也逃脱不了灭亡的下场，共产党的事业一定能成功！"并高呼:"共产党万岁！共产党万岁！"匪首段振久等慌作一团，赶忙下令开枪，于化南为中国人民的解放事业英勇就义，时年 41 岁。

于培宽老人说，父亲 1932 年离家，1945 年牺牲，这 13 年里一次也没有回到故里，期间仅寄回几封家信。父亲还曾托人捎口信回来说，不打倒日本鬼子绝不回"海南"（渤海之南，指胶东）。体现了一位共产党员为国家独立、民族解放奉献一切的崇高精神。

由于于化南早年投身革命和对敌斗争的残酷现实，未留下任何相片，因此父亲的容貌成了于培宽老人心中长久的遗憾。当听说林宇辉警官义务为烈士画像的公益活动后，96 岁高龄的于培宽老人手捧鲜花来到了林警官的工作室，希望林警官能为自己英雄的父亲画像，在他有生之年能亲眼看见父亲的音容，圆深藏心底多年的梦。

由于于培宽老人对父亲的记忆已经模糊，林宇辉警官根据老人提供的小

姑和大姑等人的照片资料，先后经过两个阶段六次修改，从烈士的五官到发型再到着装进行了细微的修饰调整，画像最终得到烈士亲属们的广泛认可。

于培宽手拿父亲画像合影

其实，这是于家人第三次请人为于化南烈士画像，可唯有这一次的画像最像烈士本人，时隔89年，林宇辉警官笔下的于化南烈士画像不仅让96岁高龄的于培宽老人终于见到了父亲的音容，实现了他久违的夙愿，也弥补了烈士后人心中多年的遗憾。

捧着画像，于培宽老人激动地说：“描绘成这样……我对于这个眼神，各个方面都很满意……这是我意想不到的，能表达到这么个程度，实现了我多少年的夙愿，我们全家都感谢林警官。”

烈士的孙女于梅青女士说：“看到这个画像，就看到了他的神，林警官画出了我爷爷的灵魂，非常生动……我们在心灵上都是相通的，一看就是我们家的人。”

拿到画像以后，清明节这天，于家后人来到济南于化南烈士与妻子合葬的墓园进行祭拜，告慰先烈。

烈士有灵，当含笑九泉。

【烈士档案】

于化南，字诗勋，化名李文生，代号“诵”。1904 年 7 月 20 日生于山东文登宋村镇东孔格庄，1933 年加入中国共产党并参加革命，1945 年 12 月 20 日牺牲于黑龙江省林口县龙爪乡，时年 41 岁。

爷爷是一位爆破英雄

董存瑞舍身炸碉堡的故事很多人耳熟能详，值得一提的是，在董存瑞烈士的故乡——河北怀来的近邻山东，也有这样一位英雄，他就是山东省德州市夏津县戴庄村村民——戴兴福烈士。

戴庄村村民戴圣洪是戴兴福烈士的孙儿，很小的时候，他就听人说起，他的爷爷戴兴福是一位像董存瑞一样英勇无畏的大英雄，是全家人的骄傲。

戴兴福烈士，生于1913年，1947年参加革命，生前是我军二野六纵五十师一四九团一营一连战士，担任爆破手。据《夏津县志》记载，戴兴福入伍后，不怕苦、不怕累，苦练爆破技术，因表现突出，上级特为他记功一次。

后来，戴兴福奉命跟随刘邓大军挺进大别山。行军途中，为延缓敌人追击，部队首长命令炸毁已经被敌人炮火控制的一座大桥。时间一分一秒地过去了，几名奉命出击的战士几次爆破均未成功，且全部壮烈牺牲。

时间就是生命。危急时刻，戴兴福挺身而出，冒着敌人密集的炮火左冲右突，终于在战友的掩护下，贴近大桥，引爆了炸药，成功地延缓了敌军的追击，为部队胜利前进赢得了宝贵时间。为此，师部为他记大功一次，并他授予“爆破英雄”称号。

戴圣洪说：“炸碉堡，攻克最高据点之类的，越是最坚固的地方，越是最需要大炮的地方，越是有我爷爷的身影。”

1948 年 3 月，在大别山一次战斗中，我军主攻部队受到居高临下的敌军密集的火力封锁。为消灭负隅顽抗之敌，打通部队前进的道路，急需炸掉敌人的制高点。关键时刻，戴兴福自告奋勇，再次挺身而出。只见他肩扛几十斤重的炸药包，冒着密集的弹雨爬上敌军据守的楼房，点燃了炸药。只听一声惊天动地的巨响，敌军的制高点轰然倒地，“天堑”成了通途。

此后，戴兴福越战越勇，在曹头山战斗中，他连续爆破敌人据点，给敌军以沉重打击，却不幸中弹牺牲，年仅 35 岁。为纪念这位英勇无畏的年轻战士，他所在的部队特地为他追记大功一次！

能有这样一位传奇爷爷，戴圣洪很自豪，也很骄傲。然而，这些年来，心中一直有困惑和遗憾。自己的爷爷到底长什么模样？他想问父亲，可是爷爷在 1948 年牺牲的时候，自己的父亲也才几岁。

戴圣洪说：“那时候，我父亲也就四五岁的光景，还很小，不记得我爷爷的容貌。爷爷走了，我奶奶一个人带着我父亲，生活很苦很难，但她老人家一直咬牙挺着……”

戴圣洪说：“父亲生前，就一直想着为我爷爷画一张遗像，但是十里八乡都没有这样的人才，父亲盼了多年，还是带着遗憾走了。”

当听说林宇辉警官为革命烈士公益画像的活动后，戴圣洪第一时间赶到了济南。

然而，相比之前求助画像的人，戴圣洪提供的信息很少，只有他父亲的照片，爷爷的容貌有什么特征，戴圣洪也说不清楚。林宇辉警官只好参照戴圣洪父亲的照片和戴圣洪本人的样貌进行分析、绘制，描摹出了戴兴福烈士的画像——一位年龄 30 出头身穿军装的战士。

拿着画像，戴圣洪仔仔细细看了许久，他说：“跟我们一家人很像，说不出哪里像，就感觉像我们家的人。下一步，我要把画像裱起来。眼看到清明节了，我到陵园里去一趟，带着画像，去看爷爷。”

在现场，看着手里的画像，戴兴福烈士的侄子、66 岁的戴尚信老人也激

戴兴福烈士证明书（受条件限制，当年烈士证明书误将烈士姓名登记为代兴福）

动不已，他说：“我叔叔弟兄四个，我见过三个，就唯独没见过我这个叔，但是从他弟兄来说，有七分像。看这个画像确实有亲切的感觉，他们兄弟几个，差不多就这个模样。”

转眼清明节到了，捧着戴兴福烈士的画像，戴尚信和戴圣洪赶到夏津县烈士陵园。

在戴兴福烈士墓前，戴尚信郑重地说：“叔叔，今天是个特别的日子。虽然咱们爷俩没有见过面，但是您的精神永远激励着咱们全家人，您为中国的革命事业献出生命，我们会继承您的遗愿，为建设新中国努力工作。我代表我们家族向您保证，今后团团结结，把日子过好。”

说着，在场的人都深深弯下腰，向戴兴福烈士鞠躬。

【烈士档案】

戴兴福，山东夏津人，1913 年出生，1947 年参加革命，1948 年 3 月牺牲，时年 35 岁。

一次错过，终生永诀

有人说，有些人，一转身就是一辈子。

这话用在山东商河孙家营村贺占甲烈士身上再合适不过了。当年，因为重任在肩，他错过了回家和母亲再见一面的机会，从此再也没有回来。而且他永远不会知道的是，家里曾有一扇门，一直为他敞开着；曾有一个人在无尽的黑夜里苦苦等待，等着他熟悉的脚步声或远或近地响起……

为我们讲述这个故事的是山东商河的孙俊荣女士。她说，她的母亲贺申英今年已经74岁了，但在心里一直藏着一个人，那就是她的父亲，也就是孙俊荣的姥爷。

她想帮母亲完成心愿，让母亲见一见这个一直牵挂着、想见却没法见到的人。

在孙家营村，贺申英老人拿出了一张她精心收藏的证件——她的父亲贺占甲的烈士证。连她的亲生女儿孙俊荣也是第一次见到。孙俊荣说：“这张烈士证就像我妈的命一样，她每天藏着，不让别人碰。”

孙俊荣说：“我妈没有兄弟姐妹，从小到大，人家都有父亲，她没有……每逢说起父亲的话题，她心里就有阴影。我妈一直说，我没父亲，你可要好好对待你的父亲。”

贺占甲烈士证明书

贺申英回忆说：“我出生的第六天，父亲的真实身份被正式公开了，父亲原来是解放军，那天就要离家远行。父亲临走时告诉我奶奶说，你可说着她（指贺申英的妈妈）点，我走了以后，别让她哭闹，你多操心吧。然后又搂着我姑哭，叮嘱说你也好好担待你嫂子，她脾气不好的时候，你多担待她。”

那是 1946 年 12 月的一天，在独生女儿贺申英出生后的第六天，跟家里人一一告别之后，贺占甲毅然告别了娇妻幼女和依依不舍的爹娘，跟着大部队离开了村庄。原来，早在 1939 年，贺占甲就参加了革命，但一直瞒着家里人，秘密做地下工作。

贺申英说：“后来我娘跟我说，我爹晚上总神神秘秘的，有时正睡着觉，也不说干啥去就急急走了。到白天，日本鬼子就来家里抓我爹，说我家有八路，对我娘又打又骂，问你家那男人呢？逮不到你男人，就抓你走。但无论敌人打也好骂也好，我娘就是一句话——不知道。”

贺申英说，父亲做地下工作的那几年，母亲和奶奶没少被欺负，但不管多难，她们都咬着牙坚持了过来。她们最大的心愿是父亲能早点回家，免得家里牵挂。

盼啊盼啊，1947 年的一天，忽然有人兴冲冲地跑到家里说，贺占甲回村里了，执行任务。听说丈夫回来了，贺申英的母亲第一时间跑到了村长家里。

在村长家，贺申英的母亲终于见到了日思夜盼的丈夫，见他一直在忙，就劝他说家里有老娘，光想儿子，快回家见见老娘吧。可是贺占甲没回去，说以后见面机会很多，这次任务太重了，就不回了。

然而，谁也没想到，这一次的错过，竟成了终生的永别，留下了终生的遗憾。仅仅一年之后，便传来了贺占甲英勇牺牲的消息。

噩耗传来，贺申英的母亲强忍着失去丈夫的悲痛，擦干眼泪，扛起了照顾父母和幼女的重担。

孙俊荣说："我姥姥就是很伟大的那种人，她只是盼我姥爷回家，但是从来没有埋怨过。自从姥爷离开后，晚上睡觉的时候，卧房的那个门，她不让关，她老是看，就感觉是在等人……快过世的时候，姥姥就坐在床上看，问还没回来吗？就感觉一直盼着，整天盼……"

孙俊荣说，她虽然没见过姥爷，但是关于姥爷的故事她从小听到了大。姥爷，是姥姥等了一辈子人，也是母亲思念了七十多年的人，也是小时候她的欣喜和期盼。

贺占甲烈士牺牲后，刚开始，每月只有两三元的抚恤金。即使是这样，姥姥也舍不得花，每次来她们家时，总是买点面条，买点白面啥的，那时候她家姊妹又多，条件不是很好。每次看到姥姥来，村里人就说，小荣啊，你看你姥姥又给你买好吃的来了。那个时候，年幼的孙俊荣只感到高兴，却不知道这是用姥爷的命换来的，这是姥姥从牙缝里省下来的。

如今，疼她爱她的姥姥已经去世了。孙俊荣唯一能做的就是帮母亲完成一直藏在她心里的愿望，请林宇辉警官为姥爷画一张像。

当贺申英老人听说有人要给父亲画像后，早早就坐在门边，等着盼着。

当天，老人的家里又来了两位亲人。一位是贺占甲烈士的外甥，叫郭长然，72 岁。另一位是贺占甲烈士的侄孙子，叫贺金芳，73 岁。这三位老人，是目前跟烈士最亲近的人，但是对于烈士的相貌特征，他们却描述不清楚。

最后，根据贺申英的建议，林警官照着三位古稀老人的样子，经过仔细分析后，画出了烈士的面容。随后又给他"穿"上军装，戴上了五星。

贺占甲烈士的亲属看画像

捧着父亲的画像，贺申英老人泪流满面地说：“见到爹了，高兴，真高兴啊……愿望实现了。爹，您终于回家了。我要拿着画像给我奶奶看看，给我娘看看，她们有多想您啊……”

面对此情此景，孙俊荣女士也流下了幸福的热泪。对着姥爷的画像，她动情地说：“姥爷，我小的时候是吃着您的抚恤金长大。今天，姥姥和我母亲的心愿我都帮她们实现了。我要跟母亲去找您，把您带回家，这样我们一家人就团圆了。”

【烈士档案】

贺占甲，山东商河人，1917 年出生，1939 年参加革命，1948 年 11 月在解放战争中牺牲，时年 31 岁。

一本小人书背后的思念

山东省德州市平原县腰站镇孔庄村有一位80岁的耿奶奶，四十多年来，她一直珍藏着一本小人书（连环画），上面讲述的是1948年冬天，老农民耿东山在胶东一带与土匪进行顽强斗争的故事。

耿奶奶说，小人书中的耿东山其实与自己非亲非故，她之所以这么多年来宝贝一样珍藏着，是因为每逢看到画中的人物，她便能隐约回忆起父亲模糊的样子。还有，这些年来，为了找一张父亲的照片，她曾经四处奔波，投亲访友，都无功而返。

当听说林警官给烈士画像的公益活动后，她第一时间打来电话求助说，有生之年，她最大的心愿是见一见父亲的样子，希望林警官帮她完成这个心愿。

接到电话，公益活动特派员林林立刻赶往了平原县耿奶奶家。

眼前的耿奶奶声音洪亮，精气神十足，除了头发花白，腰有些佝偻之外，一点都不像80岁的人。拉着特派员进屋后，耿奶奶拿出自己珍藏了四十多年的画本说："几十年了，一想父亲了，我就看看这个画本。父亲和画本里的耿东山一样的形象，我知道两人不是一样的模样，不是一个人，但又没有别的，只好以他（耿东山）为寄托。"

相关资料显示，耿奶奶的父亲耿安祯，1918年出生，1938年加入中国共产党，1945 年 7 月参军，1948 年 7 月在大别山牺牲，牺牲时是二纵六旅十六团营长。

老人回忆说：“父亲在家时，我们在一个脸盆里洗手、洗脸，他都先给我洗。具体的模样说不上来，我心里只有个大概的模样……他牺牲的时候我 6 岁，我娘才 26 岁，这么年轻，就守着我在这过，也没再婚。还在寻思这不是真事，父亲还能回来。”

父亲牺牲后，耿奶奶的母亲经常偷偷流泪，所以家人很少提起父亲。当时耿奶奶年纪小，如今几十年过去了，慢慢地，父亲的样子也变得模糊了，但那种遗憾和思念之情却越来越浓烈。她说：“没把骨灰请回来，有个相片也行啊，我就试着给父亲的那些老战友，包括一些在南方的写信……都说没他的相片。省内的老战友我也都去问了，也没找到，我就觉得失望了。我跟照相的说，你模仿着这个画本给我照下来，我跟你说说他长得什么模样，你再给修修行吧？照相的说干不了，跑了好几家都说不行。”

如今，这本小人书已经陪伴了耿奶奶四十多年，早已缺页，边缘也已泛黄，

耿奶奶珍藏四十多年的小人书

1951鲁烈 字第 007963

姓名	耿安祯
性别	男
出生时间	1918年
民族	汉族
籍贯	山东省德州市平原县
生前所在单位及职务	二纵六旅十六团，营长
入党(团)时间	1938年
牺牲时间地点原因	1948年7月，大别山南兆县，阻战；在解放战争中。
批准机关时间	山东省人民政府，1951年10月30日
填发机关时间(盖章)	山东省民政厅 2014年12月
抚恤人姓名称谓及住址	耿秀兰，女儿，山东省平原县腰站镇孔庄村 15253453263。
备注	请妥善保存 遗失不补

烈士证明书

耿安祯 同志 在解放战争中 牺牲，被评定为烈士。特发此证，以资褒扬。

中华人民共和国民政部

2014年12月10日

耿安祯烈士证明书

但耿奶奶一直视若珍宝。“家里光我娘一个人的相片，心里不得劲，我娘的相片也不敢拿出来，光摆着她个人的，不又想起我父亲来了？”她说。

从懂事起，能再见一见父亲的样子，就成了耿奶奶最大的心愿。虽然中间有过希望，有过失望，但是她从来没有放弃。当看到林警官为百名烈士画像的公益活动后，耿奶奶深藏多年的心愿，终于有机会实现了……

这天，在采访完耿奶奶后，考虑到耿奶奶毕竟 80 岁了，让她亲自到济南确实有一些难度，特派员林林带着耿奶奶本人和她爷爷的照片赶回了济南。

听完特派员的介绍后，林宇辉警官决定亲自去耿奶奶家一趟。

在耿奶奶家中，在对相关照片分析的基础上，加上耿奶奶的描述，林警官迅速起草了画像。时间一分一秒地过去，两个小时后，在林警官笔下，耿安祯烈士的容貌一点点呈现出来……

拿着父亲的画像，耿奶奶端详了许久许久。“都是这样的眼睛……大眼睛，也不是很大。还有个特点就是鼻梁高，长脸，一看就是我们家里人……终于看到父亲的画像了，我再也不成天想这个事了，也不用看小画书了，就看这个相片，把他和母亲的相片放在一块。”对着林警官，老人感激地说：“早认识您多好……谢谢您这么远过来。”

【烈士档案】

耿安祯，山东德州平原县人，1918 年出生，1938 年加入中国共产党，1945 年 7 月参军，1948 年 7 月牺牲，时年 30 岁。

在敌人铡刀下就义的英雄

这是一段让人不堪回首的故事。

这天，当模拟画像专家林宇辉等人一路步履匆匆来到泰安 73 岁的侯梅老人家时，老人激动得有些不知所措，因为这一刻，她已经盼了多年。

老人今年七十多岁，很多事都记不清了，甚至出门就忘记方向，以至于不敢走出家门。然而，在她记忆的某个角落里，却一直清晰地留着对父亲侯英刻骨铭心的思念。

几十年来，侯梅老人一直精心保留着一份特殊的证件——父亲侯英的烈士证明书。

据烈士证和有关资料记载，侯英，生于 1921 年 7 月，籍贯为山东泰安良庄。1937 年参加革命，1941 年入党，曾担任泰安县旧县区区长特派员、代理区长等职，1948 年在泰安旧县（今山东省泰安市泰山区旧县村）被国民党残忍杀害，年仅 27 岁。除了这些信息，父亲是如何参军的？其间经历了什么？又是怎样被杀害的？多少年来，侯梅一直苦苦追寻。

往事不堪回首。侯梅回忆说，父亲去世后，好长一段时间，家人压根就不知道。一天，侯梅母亲去泰安良庄镇赶集，遇到一个认识自家亲戚的染布老人。好心的老人悄悄告诉侯梅母亲说，侯英牺牲了，去年牺牲在旧县，是

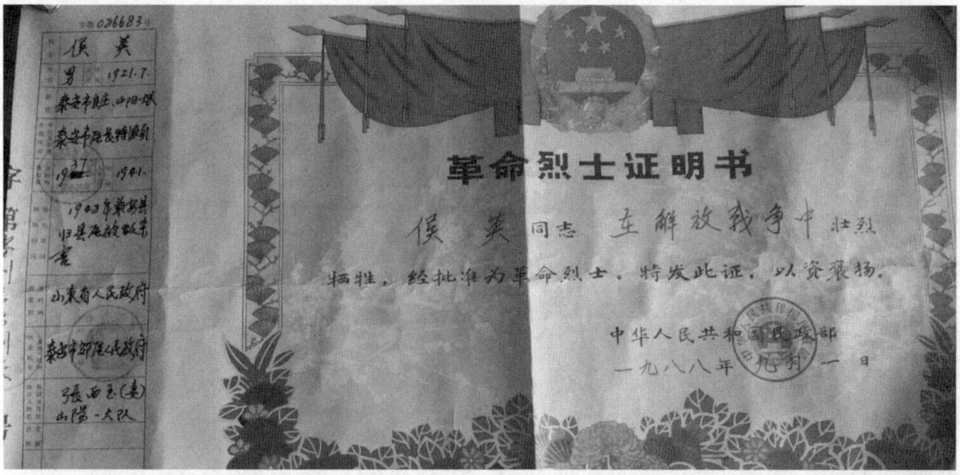
革命烈士证明书

侯英 同志 在解放战争中 壮烈

牺牲，经批准为革命烈士，特发此证，以资褒扬。

中华人民共和国民政部

一九八八年 月 一 日

侯英烈士证明书

让铡刀铡的，铡了两三次……

侯梅说："听人说，父亲临死前，敌人让他喝石灰水、辣椒水，灌得肚子盛不下了，就压出来，再灌……他不屈服，敌人铡了他半截身子，他还喊'共产党万岁'……敌人恼羞成怒，再次掀起了铡刀……"

好不容易有了父亲的消息，谁料却是父亲的惨烈死讯。噩耗传来，侯梅的母亲成天以泪洗面，一病不起，侯梅的奶奶伤心欲绝，瘫在了炕上。

几十年弹指一挥间。没有父亲的童年是怎么过来的，侯梅已经忘了，但是奶奶和母亲对父亲的思念，她却真真实实地看在眼里，记在了心里。从小只能根据奶奶和母亲的描述来想象父亲的模样，能再有生之年看到父亲的样子，成为侯梅老人最大的心愿。

在现场，林宇辉警官告诉记者："老人年纪大了，记忆力又差，对过去的很多事以及一些人物、时间、故事，记得都不是很好。逐渐启发她，她才能给你讲出一些来。烈士像谁，依据是什么，这是很重要的一点。还有一点，通过看老人的脸型，整个的五官，实际上是一个完全男性的一种特征，所以我分析判断，她应该像她的父亲。"

于是，林警官以侯梅老人的面相和有关回忆为"蓝本"，描摹出了侯英烈士的画像。

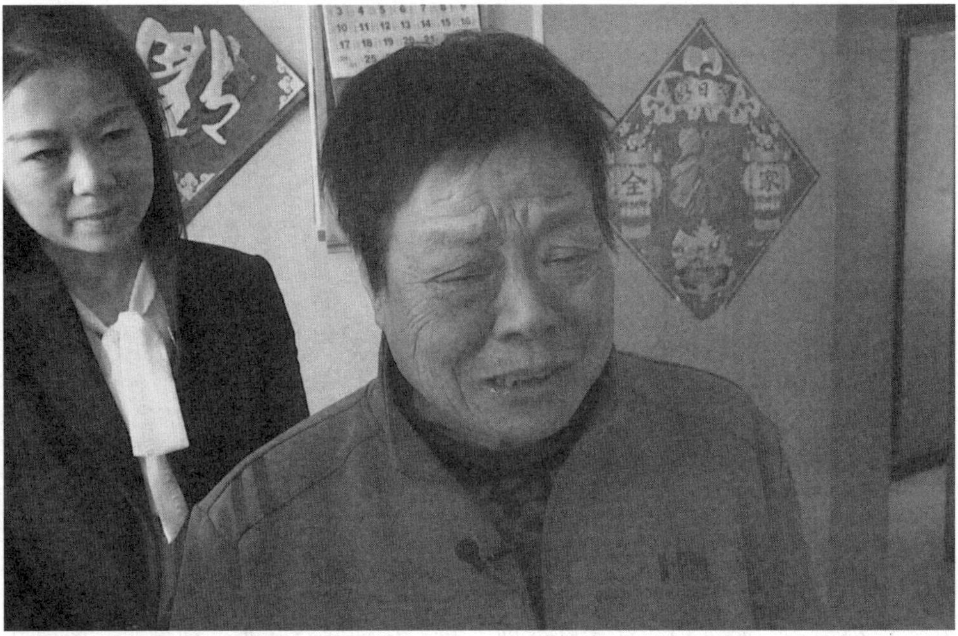

侯英烈士的亲属看画像

看着眼前父亲的面容，侯梅痛哭失声说："爸爸，给您画了像了，我娘、我奶奶，还有我多年的心愿终于实现了。您死得太惨了，您牺牲之后每一年的春节我们都很悲痛！我奶奶想您啊，我们也都想您啊。我的好爸爸……"

见此情形，在场的每一个人都唏嘘不已。或许，此时此刻，唯有这场痛哭才能将压抑在侯梅心里多年的思念发泄出来。此时此刻，老人不再是年过古稀、饱经沧桑的老人，而只是一个渴望有父亲宠爱的小女孩。

从侯梅老人家告别后，一行人又辗转来到了良庄镇党史馆，这里保存和展示着良庄镇一些英雄人物的事迹，其中就有侯英烈士。

沿着岁月的河流溯流而上，时间回到 1938 年 2 月，一天，盘踞在泰安和大汶口火车站的日军再次对抗日武装发起"扫荡"。他们在泰安山阳村西北的小河上，架起大小炮和轻重机枪，炮轰山阳村一个小时之久，然后，又在火力的掩护下冲进村里，见人就杀，见房就烧。

在受害者当中，就有侯英一家，不仅房子被烧了，连亲人也惨遭杀害。

敌人的残暴行径深深刻在了侯英心中，为了早日赶走日寇，侯英毅然离家，成了一名革命军人。

1942 年，盘踞在泰安的日寇为了蚕食徂徕山抗日根据地，实行了“铁壁合围”“三光政策”。在日寇的疯狂扫荡下，抗日力量受到极大削弱。根据革命需要，侯英加入了八路军抗日游击队，不久转入泰安县抗日民主政府公安局短枪班。

良庄镇党史馆馆员刘灿华说：“侯英烈士他们的任务是专门除奸。当时，新泰县（今新泰市）天宝镇的日寇据点里就藏着不少汉奸，其中一个大汉奸头子就是侯英除掉的。凡是威胁到抗日事业的汉奸，他总会想方设法除掉，因此日本人就对他恨之入骨。”

除此之外，侯英还经常对敌伪人员及家属宣传党的政策，做分化瓦解工作。1947 年 3 月，旧县区被国民党还乡团占据，侯英被任命为代理区长，也就是在这一年，他不幸被捕，英勇就义。

据史料记载，那天，侯英领着几个战士下乡，半路上，忽然遭到二百多个敌人的包围。战斗中，为了掩护一名范姓排长和几个战士撤退，侯英身受重伤，不幸被捕。

敌人威逼利诱，希望侯英变节投降。然而，他宁死不屈，破口大骂。敌人对他边打边审，边审边打，足足折腾了一晚上，却一无所获。敌人恼羞成怒，第二天一早，他们把侯英拉到旧县桥北头，安上铡刀，威胁说要把他活活铡死。侯英宁死不屈，高喊共产党万岁。负责行刑的刽子手气急败坏，残忍地铡断了侯英的腿。忍着剧痛，侯英烈士仍大义凛然、怒斥敌人，几名刽子手把他摁进铡刀里，先铡腿，后铡腰，再铡脖子……为了威吓革命群众，他们还把侯英烈士的头挂在旧县桥北头……最后被当地的共产党人偷了出来，悄悄安葬。

面对酷刑，他宁死不屈，这就是侯英烈士！虽然他的生命定格在了 27 岁，但他的事迹和革命精神将永远地流传下去，像滔滔汶河奔流不息，像巍巍泰山屹立不倒。

【烈士档案】

侯英，山东泰安人，1921 年出生，1937 年参加革命，1941 年加入中国共产党，1948 年被敌人残忍杀害，时年 27 岁。

相隔 38 年终相见

时光如流，岁月不居。

38 年可以带走很多的人和事，却带不走孙雪荣对爷爷的思念。正是源于这份思念，多年来，她追寻着爷爷的“红色足迹”上下求索，从未想过放弃。

当听说有一个为革命先烈画像的公益活动时，远在济宁的孙女士，匆匆来到了林宇辉警官的画室。她说，从小她就渴望能像别的小朋友一样，有爷爷的陪伴和宠爱。但遗憾的是，爷爷早在 1949 年就牺牲了。她知道，童年缺失的这段亲情无法实现了，但她希望林宇辉警官能给爷爷画张像，让她看看爷爷的样子。

孙雪荣说：“1983 年之前，我的记忆当中就没有爷爷这个人，因为他不存在。可别的小朋友都有爷爷，有奶奶……”

“变化”发生在 1983 年，孙家人收到了写着爷爷名字的烈士证，这让当时只有十岁的孙雪荣突然意识到，原来自己也有爷爷。

孙雪荣说：“当烈士证明书送到家里的时候，我一下有了其实我也有爷爷的那种感觉，那种感觉很自豪，而且爷爷的身份还不一般。慢慢地，便有人说起爷爷当时参军和牺牲的经过。于是我想，等我长大了，一定把他找到，接回家，看看他到底是怎样的一个人，这就是我的愿望。”

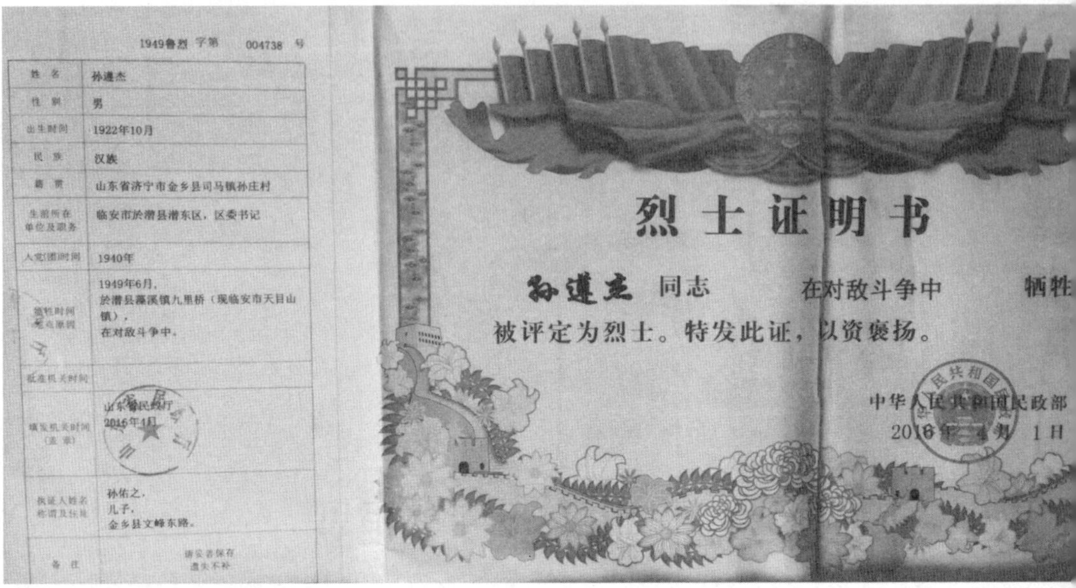

孙遵杰烈士证明书

正是这样一个“找到爷爷，见见爷爷的样子”的渴望和期待，不仅在十岁的孙雪荣心中扎了根，更激励了她以后的生活和学习。

2009年，带着爷爷的烈士证明书，三十多岁的孙雪荣便开始踏上不寻常的寻亲路，寻找爷爷的足迹。她走访同村老人，拜访爷爷战友的后代，到多个民政部门咨询……六七年下来，爷爷的身影渐渐清晰起来。

孙雪荣说：“有熟悉爷爷的人告诉我说，爷爷参加革命前，是村里的文书，带领村民打游击战。早在抗战时期，我爷爷就骑着大马，还有警卫员，每次回家的时候，给人的感觉特别威武。”

据烈士证记载，孙雪荣的爷爷孙遵杰烈士，1922年10月出生，济宁市金乡县司马镇孙庄村人，1940年加入中国共产党，正式参加革命工作。生前是浙江省临安市於潜县潜东区区委书记。1949年6月在於潜县藻溪镇九里桥（现临安市天目山镇）的对敌斗争中牺牲。

孙雪荣说：“济宁解放初期，我爷爷在我们济宁当地的公安局工作，听说是局长。每次老家人有事去找他，他总是热情相待，很有乡情。1949年，为了全中国的解放，爷爷奉命一路南下。”

当时，孙遵杰烈士所在的支队接管了浙江的浙皖边界处。由于这里地势险要，容易隐蔽，解放初期，此地聚集了来自全国多个地区的多股土匪。

1949 年 6 月，有一伙土匪听说有南下干部去了县政府，就决定偷袭那里。当时，孙遵杰没在县城，去了另外一个叫藻溪的地方开会。当听说土匪要围攻县政府时，立刻带人急急踏上了归程，不料，半路上被土匪伏击，英勇就义。

据《南下临安》一书中《浙西剿匪记——回忆解放初期天目山区剿匪斗争》一文记载："……（土匪）吕国华调集匪徒准备偷袭於潜县城，围攻南下干部。为配合吕国华的行动，李去非又在藻溪九里桥附近，将从藻溪赶往县城的潜东区委书记孙遵杰、县文教科长王运洲杀害……"

孙雪荣说："我从小的愿望就是把爷爷接回家乡来，让他老人家叶落归根。但是这么多年过去了，既没有找到他的遗骸，也没有什么遗物，更没有什么照片。再后来，我就想找人给他画张像。"

孙雪荣说，虽然她没见过爷爷，也不知道爷爷的样子，但爷爷就是她的

孙遵杰烈士亲属看画像

精神支柱，是她前进的动力。十多年来，虽然找到了很多有关爷爷的故事，但是爷爷的容貌一直是个谜。当知道林宇辉可以为烈士画像后，她第一时间赶到了济南，并带来了她姑姑和父亲的照片。当年爷爷南下时，姑姑和父亲才几岁。

听说孙雪荣的爸爸跟孙遵杰烈士长得很像，林宇辉以照片为参照画出了烈士的画像。

看着爷爷的画像，孙雪荣久久地沉默了。这三十多年后的“相逢”，她，已经等了很久很久。

眼下，孙雪荣的父亲身体不好，已经有些糊涂。通过视频电话，孙雪荣把烈士画像让姑姑进行了辨认。

电话那头，看着父亲的画像，姑姑连声说：“认可，我认可。我爹年轻时候就这样……”

放下电话那一刻，孙雪荣如释重负，她激动地说：“多少年了，终于见到我爷爷了，终于可以把他接回家了。我觉得家里终于可以有家的感觉了。自从爷爷牺牲以后，我们就想着把爷爷请回家。如今，我们终于圆满了，这种感觉，很温暖，很感动。”

图书付梓前，我们收到孙雪荣女士的信息，她向我们讲述了寻找爷爷这一路的艰辛。从 2009 年第一次踏进县民政局大门开始，从地方到中央，各级民政部门、党史研究室、公安部门等工作人员给予其很多关心和帮助。在此，我们仅代表孙雪荣女士表示衷心感谢。

【烈士档案】

孙遵杰，山东济宁金乡县司马镇孙庄村人，1922 年 10 月出生，1940 年加入中国共产党，生前为浙江省临安市於潜县潜东区区委书记。1949 年 6 月牺牲，时年 27 岁。

血洒故土的沂蒙儿女

彭立家，山东省临沂市蒙阴县刘官庄村人。他是一位革命烈士，也是彭家人心中的英雄。1943年，年仅19岁的彭立家参加革命，随后光荣地加入了中国共产党，成为八路军鲁中军区的一名机枪手。其间，彭立家参加过莱芜战役、鲁南战役、孟良崮战役等著名战役，屡立战功。

每逢佳节倍思亲。

彭立家烈士是彭家人的骄傲，也是多少年来家人们心头最大的遗憾。每年春节，当一家老老少少坐到一起的时候，每每拿起家里的相册，家人心里总是透着一股无奈和自责，因为相册里独独少了彭立家。

烈士的侄子彭兴文告诉记者，叔叔如果活着，今年97岁，正是儿孙绕膝，颐养天年的时候。

可是，作为一名战士，战场才是舞台，才是归宿。彭兴文说，叔叔彭立家枪法极好，曾被鲁中军区誉为全军第一机枪手，还担任了军区八纵二十三师的机枪排排长。莱芜战役时，彭立家烈士被敌人打断了一只胳膊，上级命令他暂时离开部队，回家养伤。

彭兴文回忆说："当年在家养伤的时候，我爷爷让我的姑奶奶好好看着我这个叔，说不能让他再跑了。他那时候就只想跑，说只要还有一口气，就不能离开部队。”

1947 年 3 月，国民党重点进攻山东解放区。5 月，国民党军整编第七十四师北进到达孟良崮……

彭兴文流着泪说：“我老家离着孟良崮很近，就几里地，战斗打响时，枪声听得很清楚。叔叔一听那里开枪接着就跑出去了，可这一去就再也没有回来。战斗结束后，村里有一个机枪排的战士回家说，战斗中，他们排长和连长牺牲以后，叔叔就接任了连长……直接端起枪来打，没有一点防护……就死在了孟良崮上……我们要让后人知道，他是为国家牺牲的。”

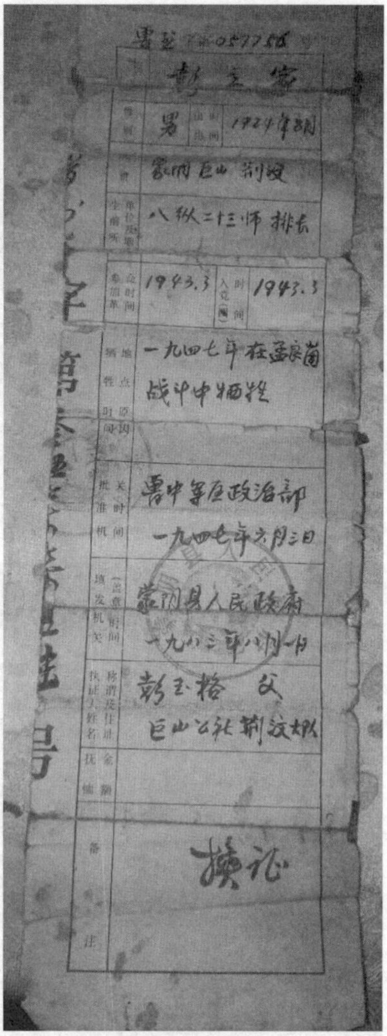
彭立家
男
八纵二十三师 排长
1943.3
1943.3
一九四七年在孟良崮战中中牺牲
一九四七年六月三日
蒙阴县人民政府
换证

彭立家烈士证明书附件

彭兴文说，虽然他们都没见过叔叔，但是每一个彭家人都熟知叔叔的故事。能有一张叔叔的画像，是整个彭家人的心愿，以后，他们老彭家再过新年，都会是最踏实、最圆满的一年。

彭立家烈士的画像是林宇辉参照着烈士的五弟和父亲的照片，再加上彭兴文的描述绘制而成的。

当画像慢慢显露的那一刻，彭兴文激动不已地说：“太像了，凭感觉太像了！和我爸爸长得太像了。根据我姑姑和我父亲说的，眼睛像，下巴也像。叔叔牺牲的时候，我还没出生呢。从记事以后，我爸就给我讲叔叔的故事……”

为了进一步验证，通过视频电话，彭兴文把叔叔的画像传给了一位 81 岁的老人，即烈士的堂妹，画像也得到了老人的认可。

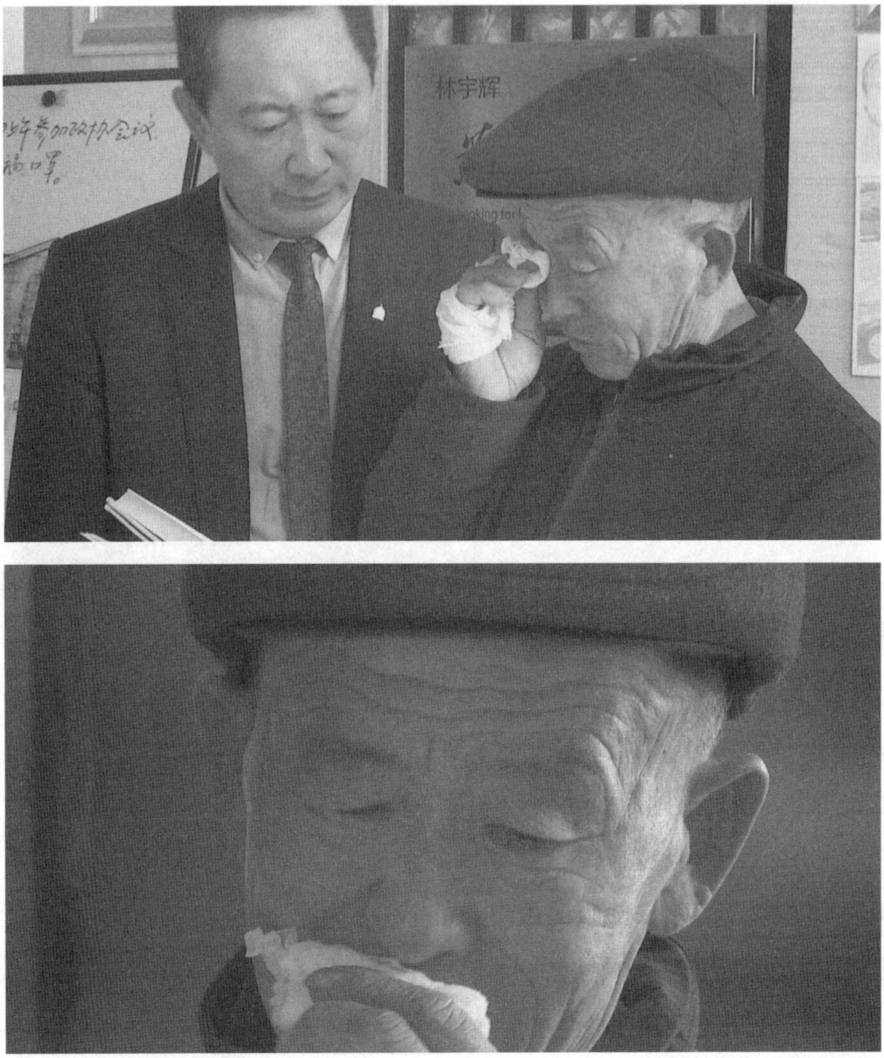

彭立家烈士的亲属看画像

放下电话的那一刻，彭兴文热泪盈眶，紧紧抱着叔叔的画像说：“叔叔，终于见到您了，我们回家吧。我带您回家过年了。叔叔……我会告诉我们的后辈，必须向您学习，为国家多做贡献。”

【烈士档案】

彭立家，山东蒙阴人，1924 年出生，1943 年加入中国共产党，1947 年牺牲，时年 23 岁。

爷爷，我带您回家

弓背霞明剑照霜，秋风走马出咸阳。

未收天子河湟地，不拟回头望故乡。

这是一首唐代诗人令狐楚写的诗歌《少年行》，诗中的少年一身戎装，策马出征，并立下铮铮誓言，如果此行不能收复失地，不会返回家乡。

这是一个古代军人的铿锵誓言，也是千百年来无数为了国家安宁舍小家、顾大家，抛头颅、洒热血的军人们的生动写照。

正当模拟画像专家林宇辉为革命先烈画像的公益活动紧张进行时，一位来自江苏省溧阳市的市民，辗转多地来到济南，希望在林宇辉的帮助下，完成他多年来的愿望。

他叫史涛荣，来自江苏溧阳天目湖。他说，小时候，他经常跟着父亲去村头坟前祭奠亲人。父亲不止一次指着一堆土说，这是他的大伯，爷爷的亲哥哥。

爷爷的亲哥哥？父亲的亲大伯？对于这位自己从没见过的长辈，幼时的史涛荣充满了疑问。

史涛荣说："小孩子嘛，我就一直很好奇，再后来就问我爸爸，我说你见过你大伯吗？他说没有。后来我又问我爷爷，你见过你的哥哥吗？爷爷说见过，但从军之后就再也没有回家，我说既然你们后来都没有见过，为什么每年还要过来祭奠呢？我忘了大人怎么说的了。但从那时起，有一个想法一直在我脑海里，什么时候等我长大了，我能见到他老人家就好了。”

岁月如流。长大后的史涛荣慢慢明白了，那个他从小一直好奇想见的爷爷的哥哥、父亲的大伯，自己永远都不会再见到了。

史涛荣的大爷爷叫史作培，生于1925年，1944年参军入伍。那时候抗日战争还没有结束，所以他和村里另外几个人一起参了军。

史涛荣说：“那个时候，他们正年轻，血气方刚，所以想一鼓作气，保家卫国，就放弃了安稳的生活，去了部队。他参军不久，便奔赴了前线，从此家人再也没能等回那个熟悉的身影。”

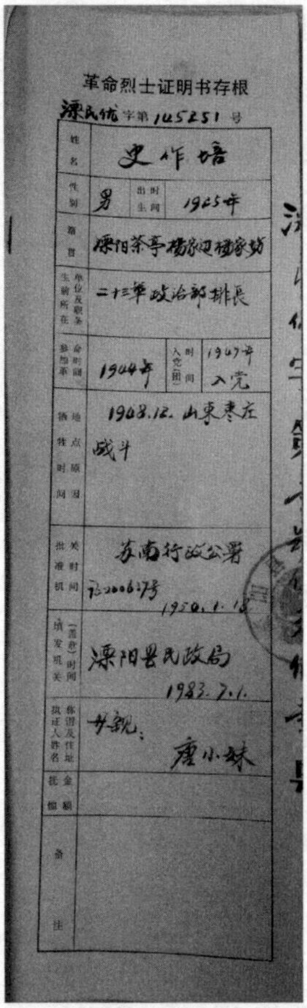
革命烈士证明书存根

溧民优字第1K5251号

姓名	史作培		
性别	男	出生时间	1925年
籍贯	溧阳茶亭杨家[illegible]杨家坊		
生前所在单位及职务	二十三军政治部排长		
参加革命时间	1944年	入党(团)时间	1947年入党
牺牲时间地点原因	1948.12. 山东枣庄战斗		
批准机关时间	苏南行政公署 [illegible] 1950.1.18		
填发机关(盖章)时间	溧阳县民政局 1983.7.1.		
执证人姓名称谓及住址	母亲：唐小妹		
抚恤金额			
备注			

史作培烈士证明书附件

史涛荣回忆说，他一直非常清楚地记得，大爷爷史作培的妈妈，也就是他的太奶奶，从他记事开始，从来没有听太奶奶提起过自己的大儿子19岁出去当兵23岁就牺牲的事，而是把这种丧子之痛深深埋在了心底。

然而，正像古诗里说的，每逢佳节倍思亲。多少年来，每当逢年过节家人团聚之时，太奶奶的心情就很低落，而与太奶奶一样伤感的，还有史涛荣的奶奶。

史涛荣说：“我的大爷爷史作培，生前根据父母之命，跟我现在的奶奶有媒妁之约。史作培爷爷英年早逝后，根据我们当地的风俗，奶奶就嫁给了我的爷爷，成了我的亲奶奶。”

据史涛荣介绍，史作培烈士一共兄妹五人，除了大爷爷史作培参军，其余的兄妹当年为了讨生活，都相继离开了老家。只有自己的爷爷奶奶留在家中，陪伴着太奶奶。把大爷爷史作培烈士接回家，一直是全家人的心愿。

史涛荣回忆说，爷爷健在时，不止一次去外省寻找史作培烈士，一门心思想找到他牺牲的哥哥，哪怕找回一张照片和一点遗物也行，但由于种种原因，都空手而返。

2000 年，高中毕业的史涛荣决定继承大爷爷史作培烈士的遗志报名参军。在部队的经历让史涛荣觉得，自己应该为这个家做些什么了。

尤其近几年，史涛荣的爷爷等五个兄妹都先后撒手人寰。于是史涛荣心里想，要把他们找全，让一家人团圆。2019 年初，史涛荣先到了河南洛阳，把爷爷其中一个弟弟的一家人全部找回。初战告捷，第二站，史涛荣来到了徐州淮海战役纪念馆。

功夫不负有心人，在徐州淮海战役纪念馆密密麻麻的烈士英名墙上，史涛荣找到了史作培烈士的名字。

史涛荣说：“当我看到大爷爷的名字镌刻在淮海战役纪念馆烈士英名墙

淮海战役纪念馆烈士英名墙上史作培的名字

史作培烈士亲属看画像

上，别提多激动了。而我们家的烈士证书上写的牺牲地是山东枣庄。于是当时我就再次咨询，淮海战役纪念馆的一位老师说，我大爷爷准确的牺牲地是在邳县（今江苏徐州邳州市）的碾庄。”

大爷爷史作培烈士找到了，异乡的亲人也找到了，爷爷的心愿终于完成了。史涛荣说，他的奶奶还在世，所以，他就想尽快把大爷爷的相貌还原出来，带给奶奶看一看，了却她多年的心愿。最主要的是想把这种家庭荣耀，把这种烈士精神，一代一代一直传承下去。

幸运的是，史涛荣 91 岁的奶奶还健在。村里还有位 90 岁的老奶奶也记得烈士的模样。根据两位老人的回忆，加上史涛荣提供的烈士的两个弟弟和一个姐姐、一个妹妹的照片，林宇辉警官描摹出了史作培烈士的画像。

“像，真像！”那一刻，史涛荣静静地看着画像，激动地无语凝噎，突然他双膝跪地对着画像说：“大爷爷，今天终于找到您了，您在外面几十年受苦了，今天您的孙子，接您回家！”

【烈士档案】

史作培，江苏溧阳汤家场村人，1925 年出生，1944 年参加革命，1947 年加入中国共产党，生前为华东野战军二十三军政治部排长，1948 年 12 月牺牲，时年 23 岁。

一封家书的故事

这是一位七旬老人和她的父亲的故事，确切地说是这位老人的父亲留给她的唯一“念想”——一封家书的故事。

老人叫李翠兰，山东省菏泽市巨野县田庄镇田庄村人，今年75岁。在老人家中，至今珍藏着一封早已破旧的家书。这封家书，是在七十多年前，老人的父亲李文合从部队寄回来的一封家书。

老人说，父亲李文合在自己还是襁褓中的婴儿时，便离开了家，投身革命，参加了解放军。然而，父亲这一走，就再也没有回来。七十多年来，每当思念父亲时，懂事的李翠兰便偷偷躲在角落，读一读父亲当年留下的家书。

父母亲二位大人敬禀，由于被反动派抓住后，始终没有向家中去信，甚念甚念。不知大人身体是否健康，现儿在济南光荣参加了解放军，现在华东人民解放军十纵二十八师八十二团二营四连工作，请家中照常回信，别不多禀。儿文合叩。9月15日。

写信人李文合，山东省菏泽市巨野县田庄镇田庄村人，1947年9月加入中国人民解放军，生前为华东人民解放军十纵二十八师八十二团二营四连战士。

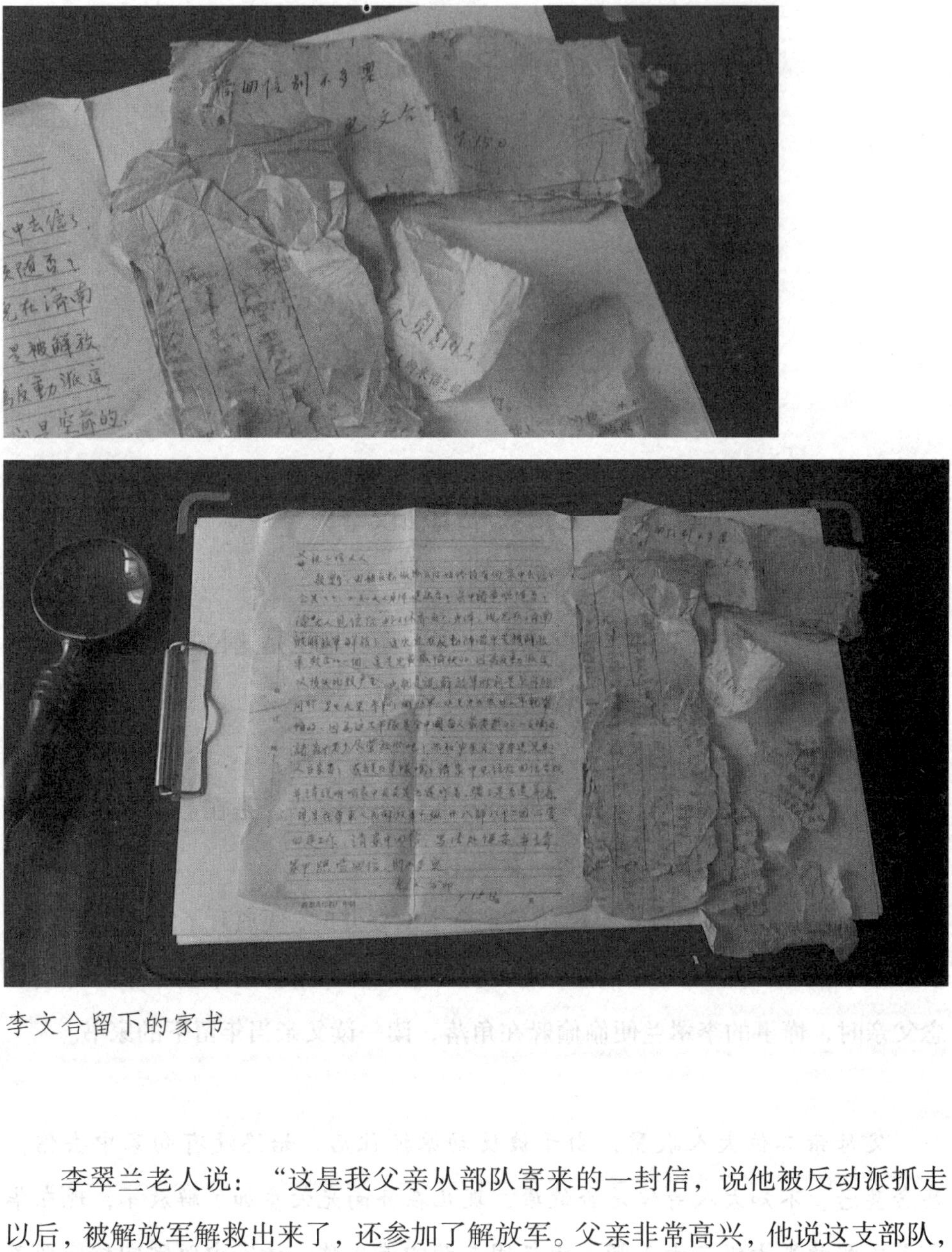

李文合留下的家书

李翠兰老人说："这是我父亲从部队寄来的一封信，说他被反动派抓走以后，被解放军解救出来了，还参加了解放军。父亲非常高兴，他说这支部队，是全国人民最爱戴的一支军队。"

烽火连三月，家书抵万金。

在那个兵荒马乱的特殊年代，一封家书传递的不仅是亲情，更是思念和希望。

李翠兰老人说，这封家书，之前一直都是爷爷像宝贝一样珍藏着。后来，自己慢慢长大，爷爷的身体一天不如一天，才把这封信转交给了自己。

那个时候，家里也没有像样的家具，信就放在一个木匣里。一天，爷爷把李翠兰叫到身边，郑重地把木匣递到她手中说："这封信是你父亲写的，是咱家唯一的念想，你要好好地保存着。"

从那时起，父亲的这封家书，李翠兰一直视若珍宝，上面的字字句句，她都熟记于心。随着岁月流逝，原信件已经残破不全，字迹也模糊不清了。李翠兰就通过誊写的方式，把这些珍贵的字句一一留存了下来。

李翠兰说："时间太长了，七十多年了，原件慢慢烂了，有些字迹看不清楚了，我就抄了一份。抄的这一份也时间太长了，叠的地方也烂了，我就又抄写了一份，等到翻看得又看不清了，我就再抄一份……我要抄到我不在的时候……"

李文合烈士离家时，李翠兰老人还是个襁褓中的婴儿。都说见字如面，但因为那时她还太小，根本不记得父亲的音容笑貌，这封家书便成了老人思念父亲时最大的寄托。

时光荏苒，如今李翠兰也到了古稀之年，身边也已是儿孙满堂。而父亲的这封家书，便成了她家的传家宝。

李翠兰说："我原先舍不得让别人看。现在老了，想父亲的时候，就叫孩子们也看看，让他们也看看他们的爷爷、姥爷，这也是个念想吧。"

李文合烈士的外孙王斯元说："我也曾是一名军人，从部队回来后，我才看到了这封信，以前从没见过，这才知道姥爷是解放军，参加过解放战争，可惜知道的就这么一点……"

由于年代久远，对于李文合烈士的革命事迹，烈士的后人们包括李翠兰老人了解的并不多。李翠兰老人说，自己年幼时，母亲很少提起父亲，但她依稀记得，母亲偶尔会伤心落泪，那一定是她在想念自己的丈夫了。为了不让母亲伤心，懂事的李翠兰很少在母亲跟前提到父亲，但压在心里的思念却一直像家乡田野里的野草，年复一年，疯狂生长。

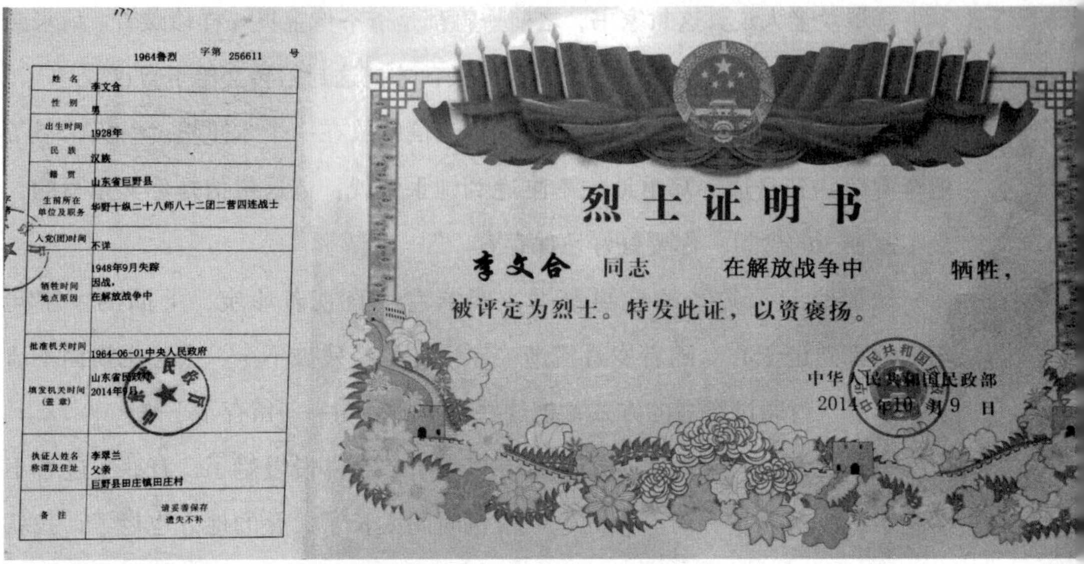

1964鲁烈 字第 256611 号

姓名	李文合
性别	男
出生时间	1928年
民族	汉族
籍贯	山东省巨野县
生前所在单位及职务	华野十纵二十八师八十二团二营四连战士
入党(团)时间	不详
牺牲时间地点原因	1948年9月失踪 因战， 在解放战争中
批准机关时间	1964-06-01中央人民政府
填发机关时间（盖章）	山东省民政厅 2014年9月
执证人姓名称谓及住址	李翠兰 父亲 巨野县田庄镇田庄村
备注	请妥善保存 遗失不补

烈士证明书

李文合 同志 在解放战争中 牺牲，

被评定为烈士。特发此证，以资褒扬。

中华人民共和国民政部

2014 年10 月9 日

李文合烈士证明书

这些年，李翠兰老人和她的子女曾通过多种方式查询，想知道李文合烈士安葬在了什么地方，遗憾的是至今也没能找到。随着年纪越来越大，李翠兰老人对父亲的思念也越来越浓，她多么想在有生之年，能看看父亲的样子，看看他英雄的模样。

李翠兰说，她这一生，吃过苦，也享过福，最大的遗憾是没能在懂事时见到父亲，没得到过父爱。看到人家父母双全，一家人其乐融融，自己家里就她和母亲两人，每每念及于此，她都心如刀割。

一封平常家书，七十多年的思父深情。七十多年了，那份看不见摸不着的父爱，一直萦绕在李翠兰老人的心中，从襁褓婴儿到古稀老人，多少光阴一去不返，而这份思念不但从未被冲淡，恰恰相反的是，随着岁月的流逝，这份思父之情越来越浓烈，能看看父亲的模样，成了老人最大的愿望。

为了帮助老人实现心愿，告慰烈士的在天之灵，模拟画像专家林宇辉一路风尘仆仆，赶到了李翠兰老人家中。

当从李翠兰老人的舅舅口中得知李文合烈士的模样与李翠兰叔叔的模样很像时，林宇辉分析出了李文合烈士年轻时的模样，然后模拟、起草、勾勒线条……李文合烈士的面容在林宇辉的笔下一点点浮现……

然后，在众人期待的目光中，林宇辉手拿画像，慢慢走向李翠兰老人。

久久地望着父亲的画像，李翠兰老人泪如雨下：“七十多年了，终于看到我父亲什么样了……谢谢林警官，太感谢了，母亲在就好了，母亲在就也能看到了……”

尽管已年过古稀，但在父亲的画像面前，老人仍是一个女儿，一个孩子……一个女儿对父亲的怀念，一个家庭对革命先烈的追思，都在这一刻得到了温暖和慰藉……

离开老人家中时，李翠兰老人再次提出了一个愿望，她希望在有生之年，能够找到父亲的安葬地，她想去父亲的坟前磕个头，捧上几抔土。烈士生前部队的战友或者读者朋友们，如果有相关的线索信息，请与我们取得联系，谢谢！

李文合烈士的亲属看画像

【烈士档案】

李文合，山东菏泽巨野县田庄镇田庄村人，1928 年出生，1947 年加入中国人民解放军，1948 年 9 月在解放战争中失踪，时年 20 岁。

解放战争中牺牲的英烈画像

柏玉春	崔寿三	董爱珠	高　恩
公茂英	李广武	李庆相	李　瑞
李双寅	李长春	李长芝	刘杰田
桑清亮	司伦先	宋传亮	孙兆才
王相凯	王文林	王寿祥	徐一德
伊凤文	阎友仁	尹兴学	于德海
张　范	张庆良	张辛田	赵宗颜

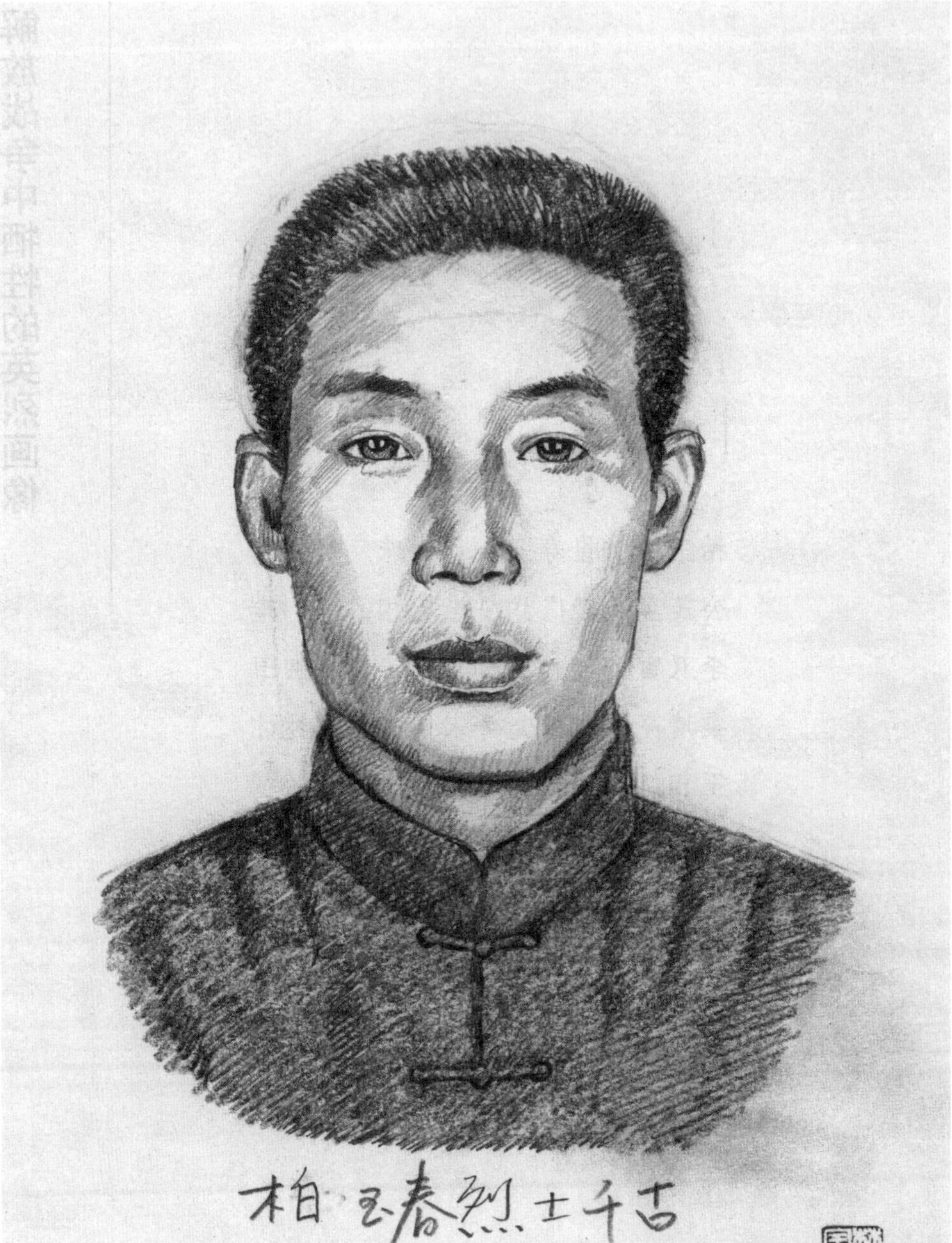

【烈士档案】

柏玉春，江苏扬州宝应县人，1927 年 6 月出生，1948 年 6 月在江苏泰州万家铺被敌人刺杀，时年 21 岁。

【烈士档案】

崔寿三，天津宁河人，1922年4月出生，1950年4月22日在解放海南岛战斗中牺牲，时年28岁。

【烈士档案】

董爱珠，山西左权麻田镇上口村人，1925 年 9 月出生，1945 年 7 月加入中国共产党，1946 年 8 月在陇海战役中英勇牺牲，时年 21 岁。

【烈士档案】

高恩，黑龙江齐齐哈尔双榆树村人，1925 年出生，1945 年参加革命，1946 年加入中国共产党，生前为中国人民解放军四十四军三九九团三连副排长，1949 年在从化云台山战斗中牺牲，时年 24 岁。

【烈士档案】

公茂英，山东蒙阴人，1924 年出生，1945 年 10 月加入中国共产党，生前为四十军一一九师三五五团一营副连长。1949 年在湖南牺牲，时年 25 岁。

【烈士档案】

李广武，山东聊城莘县朝城镇十里坑村人，1920年出生，1947年2月参军入伍，生前为中国人民解放军二野一纵十九旅五十五团班长，1947年9月在梁山牺牲，时年27岁。

【烈士档案】

李庆相，山东济南长清人，1911 年出生，1942 年参加革命，1945 年 10 月在解放茌平的战斗中牺牲，时年 34 岁。

【烈士档案】

李瑞，山东沂南李家庄人，1923 年出生，1940 年参加革命，1943 年加入中国共产党，1948 年春在河南许昌牺牲，时年 25 岁。

【烈士档案】

李双寅，又名李尚勤，山东人，1927 年 5 月出生，1947 年 10 月参加革命，生前为中国人民解放军二野六纵十七旅五十一团副班长，1948 年 12 月在淮海战役中牺牲，时年 21 岁。

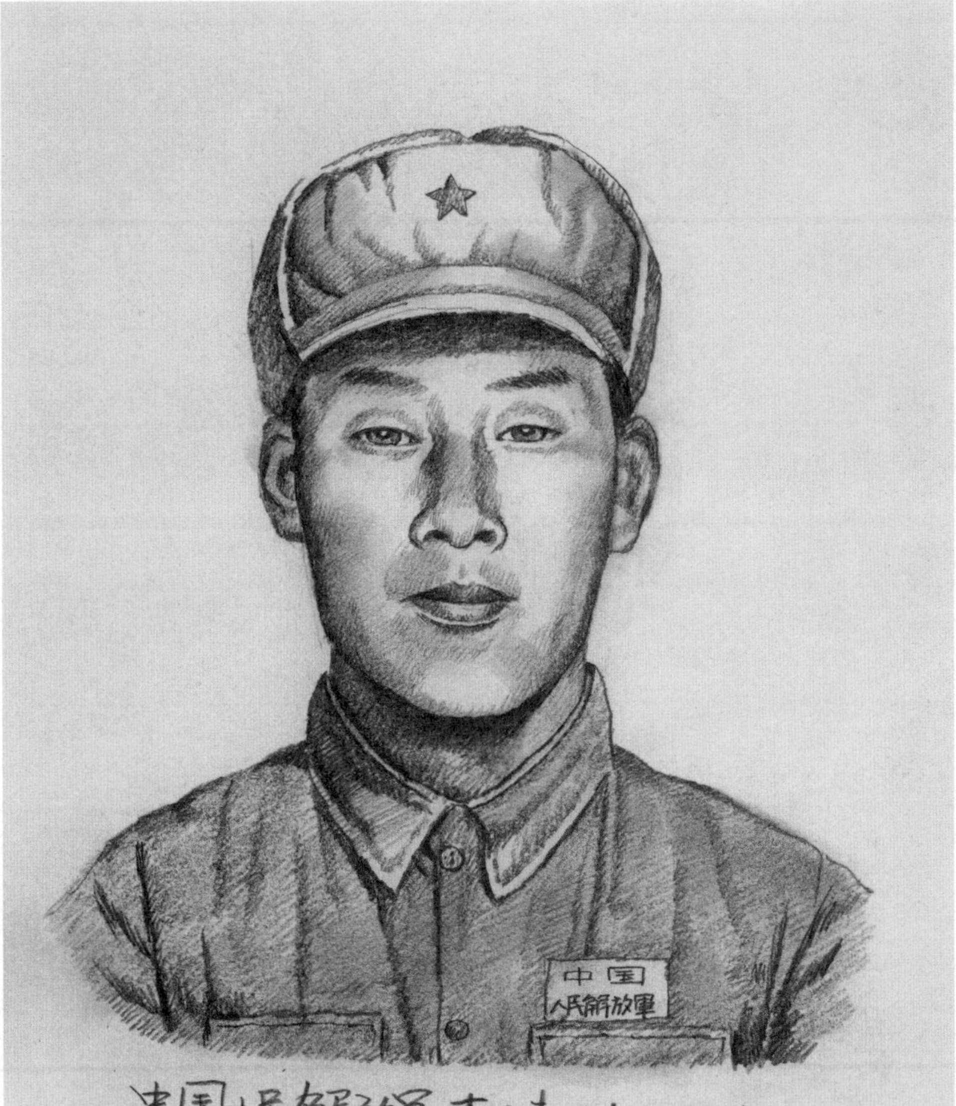

【烈士档案】

李长春，1915 年出生，1948 年牺牲，时年 33 岁。

【烈士档案】

李长芝，山东莱阳人，1910年出生，生前为山东省莱阳县（今山东烟台莱阳）子弟兵团团长，1946年3月在莱阳对敌战斗中牺牲，时年36岁。

【烈士档案】

刘杰田，山东邹平孙镇人，1925年出生，生前为齐东县(今属山东滨州邹平)武工队指导员。1947年在邹平明集牺牲，时年22岁。

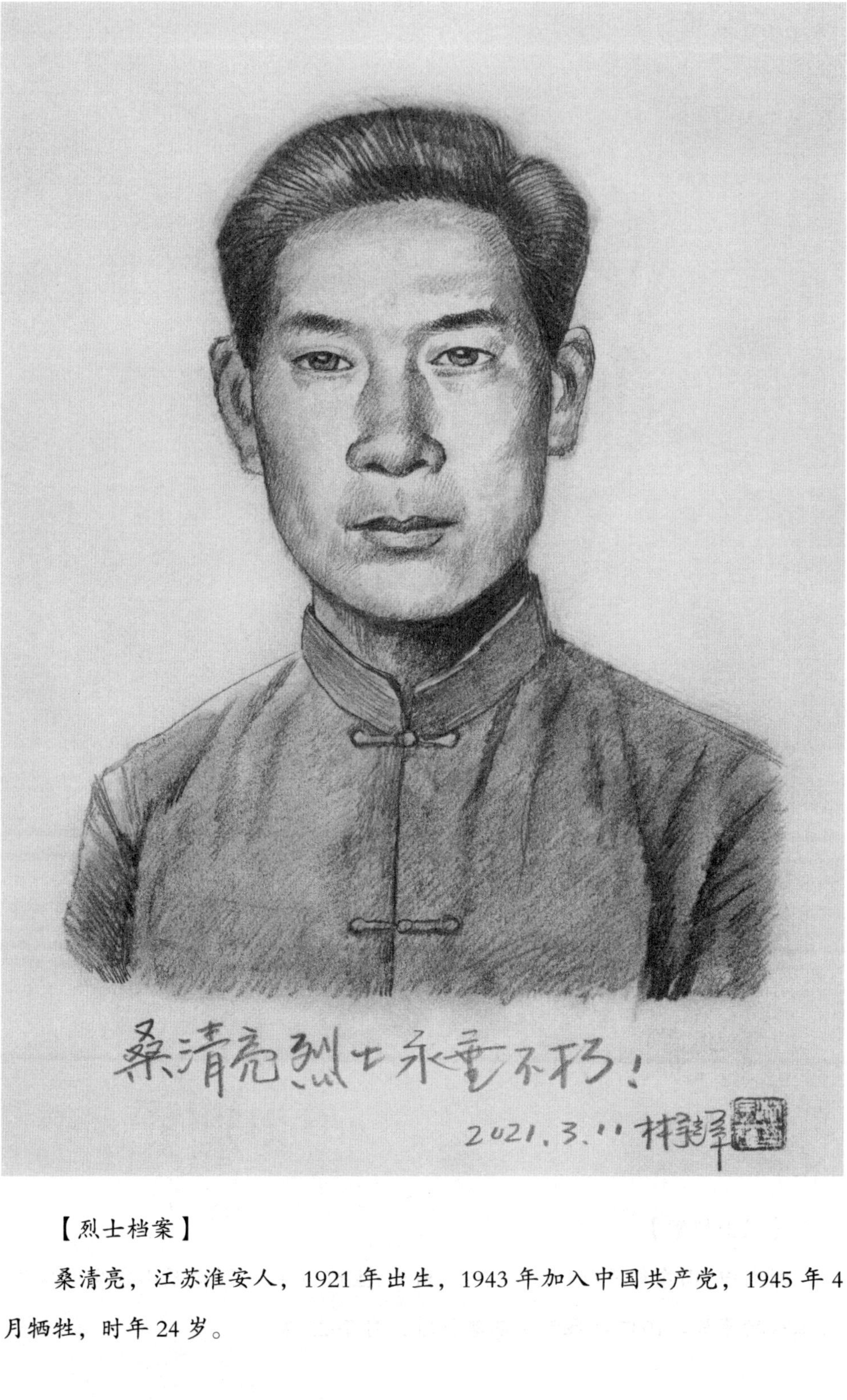

【烈士档案】

桑清亮，江苏淮安人，1921 年出生，1943 年加入中国共产党，1945 年 4 月牺牲，时年 24 岁。

【烈士档案】

司伦先，山东莱芜人，1911年6月出生，1939年加入中国共产党，1947年7月22日在高庄镇麻湾崖村被国民党抓捕并杀害，时年36岁。

【烈士档案】

宋传亮，山东德州齐河人，1902 年出生，1947 年在齐河县杨孟河口，时年 45 岁。

【烈士档案】

孙兆才，山东莱芜人，1918 年 9 月出生，1946 年参军入伍，1948 年牺牲，时年 30 岁。

【烈士档案】

王相凯，山东潍坊滨海区人，1922 年出生，1948 年牺牲，时年 26 岁。

【烈士档案】

王文林，山东省烟台市招远市人，1920 年出生，1947 年 7 月在东北鸡冠山战斗中牺牲，时年 27 岁。

【烈士档案】

王寿祥，山东陵县人，1921 年 4 月出生，1945 年 9 月牺牲，时年 24 岁。

【烈士档案】

徐一德，山东省广饶县人，1916年出生，1946年4月牺牲，时年30岁，生前为四野四十三军政治部科长。

【烈士档案】

伊凤文，山东济南长清人，1919 年 2 月出生，1939 年 7 月参加革命，中共党员，1947 年 5 月在山东肥城牺牲，时年 28 岁。

【烈士档案】

阎友仁，山东菏泽人，1914年出生，1938年参加革命，1939年加入中国共产党，1947年5月牺牲，时年33岁。

【烈士档案】

尹兴学，1914 年出生，1940 年参加革命，生前为鲁中军区四师十二团二营二连战士，1947 年 2 月在莱芜战役中牺牲，时年 33 岁。

【烈士档案】

于德海，1918 年出生，1946 年参加革命，1948 年牺牲，时年 30 岁。

【烈士档案】

张范，原名张奉先，山东东营龙居镇十三图村人，1913 年出生，1947 年 1 月在山西省曲沃县高显镇战斗中英勇牺牲，时年 34 岁。

【烈士档案】

张庆良，1926 年 7 月出生，1946 年参加革命，1947 年在济南义合庄战役中牺牲，时年 21 岁。

【烈士档案】

张辛田，山东宁阳曹家寨村人，1913 年出生，1938 年 4 月加入中国共产党，生前为曹家寨村农会会长，1946 年 9 月在宁阳县涝滩庄对敌斗争中光荣牺牲，时年 33 岁。

【烈士档案】

赵宗颜，山东临沂市人，1921 年 1 月出生，1946 年参加革命，1948 年 3 月在临沂太平战斗中牺牲，时年 27 岁。

抗美援朝

保和平卫祖国就是保家乡

“雄赳赳气昂昂，跨过鸭绿江，保和平卫祖国就是保家乡……”七十多年前，中国人民志愿军跨过鸭绿江，在那艰苦卓绝的异国战场上，用大无畏的牺牲精神，用无数生命和热血换来了胜利，筑起了祖国和平的防线，而同时，又有多少“最可爱的人”永远留在了异国他乡，有的甚至尸骨无存。他们不能被忘记。

本书中，我们推介的就是这些“最可爱的人”中的一些典范人物，他们以生命和青春书写的故事昭示后世。我们作为后辈，能有今天的“岁月静好”，离不开这些付出生命和鲜血的革命先烈。勇士不死，光耀千秋，向先烈致敬，向“最可爱的人”致敬！

等妮儿等您

这是一个令人唏嘘不已的故事。

讲故事的是山东泰安的一位老人——秦厚美女士。秦女士今年已经70岁了,几十年来,在她的心中一直牵挂着一个人、等着一个人,连她的乳名都叫"等妮儿"。她苦苦等待的人，是她的父亲。秦厚美老人说，有生之年，她最大的心愿就是能见一见父亲的模样，能真真切切地喊一声爹。如今，她的这个愿望终于实现了。

在泰安市对臼社区，捧着父亲秦忠富烈士的画像，老人泣不成声地说："爹啊，我想和你说的话，忒多了，70年了，我看到你的模样了……"

70年了，压抑在心中的那份思念，终于可以尽情地发泄出来了。70年了，她终于可以痛痛快快地叫一声爹了！

这一切都得益于林宇辉警官为烈士公益画像活动。为满足老人的心愿，林警官专程从济南来到泰安。听说林宇辉警官要来给自己的父亲画像，秦厚美激动得三个晚上都没睡好觉，一见面，便忍不住地跟大家讲起了她的父亲秦忠富烈士的革命故事……

那还是1949年的一天，走出家门不久的秦忠富兴冲冲地跑回家对父母说："人家都参军去了，我也得去，我家兄弟俩，人家兄弟一个的都去，我也得去。"

儿是娘的心头肉。母亲连忙劝秦忠富说，战场上子弹不长眼，再说家里也离不开，不能去。妻子也劝道，家庭和父母都需要照料，你可不能走。

秦忠富口头上答应，回头便偷偷跑去报了名。在部队待了大约一年，忽然有一天秦忠富回了家，说回家待几天，过两天就上朝鲜打仗去。

就这样，在家人充满了担忧的凝望中，秦忠富和战友们一道跨过鸭绿江，开拔到了朝鲜战场，而这一去就再也没有回来。

1952 年 2 月，家里忽然接到部队来信，说秦忠富在朝鲜战场牺牲了。当时，秦厚美还未出生，她姑姑和叔叔担心出问题，就瞒着母亲和嫂子，直到当年 6 月秦厚美出生后，才告诉母亲和大嫂说，二哥牺牲了。

多少个日日夜夜，年迈的母亲等着偷偷参军的儿子回家，希望能亲口跟他说一声“儿啊，娘不怪你”；待产的妻子，翘首期盼亲爱的丈夫回家，只为能说一句“孩儿他爹，这是咱们的娃”……可这半年多的日思夜盼，等来的却是让一家人心碎的噩耗。他们不敢相信，也不愿相信，可随即寄来的烈士证，又让全家人不得不相信这一残酷的现实。

秦厚美说：“我奶奶到死，也不说我爹死了，就说什么呢？那时候给我

1951鲁烈 字第 135350 号

姓名	秦忠富
性别	男
出生时间	1929年
民族	汉族
籍贯	山东省泰安
生前所在单位及职务	志愿军一八八师五二三团九连战士
入党(团)时间	不详
牺牲时间地点原因	1951年11月 朝鲜 因战，在抗美援朝战争中
批准机关时间	
填发机关时间(盖章)	山东省民政厅 2014年9月
执证人姓名称谓及住址	秦厚美 女儿
备注	请妥善保存，遗失不补

烈士证明书

秦忠富 同志 在抗美援朝战争中 牺牲，被评定为烈士。特发此证，以资褒扬。

中华人民共和国民政部

2014 年 9 月 22 日

秦忠富烈士证明书

起了小名，叫等妮儿。她说，你等着你爸爸来，你爸爸不一定在哪里，还能回来。”

奶奶临死前，特地把秦厚美的叔叔叫到床前叮嘱说：“你二哥留的这点根，你得好好看着。”然后又对秦厚美说：“孩啊，你别难受，你爹指不定什么时候就回来了，你好好听话，你等着，等你爹回来。”

秦厚美说，打小时起，听奶奶说得最多的，就是一定要等着父亲回家，父亲一定会回来。但是秦厚美心里明白，父亲已经牺牲了，只是奶奶不愿相信。

往事不堪回首。再后来，秦厚美长大了，工作了，每逢工作中有个难处，她就忍不住思念父亲，心想要是有个爹，就不会犯这些难了。从那时起，秦厚美就寻思不管父亲死也好，活也好，可自己连张照片什么的也没见过，所以一直寻思着找人为他画个像，能亲眼看看自己的父亲。尤其是近两年来，眼见自己都70岁了，还能再等多少年啊！

“等妮儿，等妮儿，等着父亲回来”。秦厚美老人的这个小名，寄托了全家人对秦忠富烈士的思念和期盼。如今，在林宇辉警官的帮助下，老人终于完成了渴盼多年的心愿。

幸运的是，村里还有一位老人叫吴握伦，已经85岁高龄了，是秦忠富烈士的同村好友，也是目前唯一在世、见过并且记得秦忠富烈士容貌的人了。

当林宇辉警官把画像呈给老人时，老人激动不已，郑重地向画像敬了个礼说：“二哥好！”

而最激动的当然是秦厚美老人，对着画像，老人将70年的思念化成了一场痛哭，她喃喃地说：“爹，等妮，终于等到您了……”

【烈士档案】

秦忠富，山东泰安人，1929年出生，1949年参加革命，生前是中国人民志愿军一八八师五二三团九连战士。1951年11月在朝鲜牺牲，时年22岁。

牺牲在给战友送饭的路上

自古以来，兵马未动粮草先行。所以，早在两千多年前，《孙子兵法·作战篇》便指出，“凡用兵之法……日费千金，然后十万之师举矣。”现代战争则有“大炮一响，黄金万两”之说。在古今中外历史上，也不乏因后勤不济而军心不稳、兵败垂成的例子。

正因为后勤保障如此重要，所以在抗美援朝战争伊始，敌军战机几乎是不分昼夜地轮番轰炸我军的补给线，造成我军重大伤亡和财产损失。

今天要讲的故事的主人公田全仁烈士就是牺牲在给战友运送补给的过程中，他是一位来自湖南辰溪的志愿军战士，一位“最可爱的人”。

说起田全仁的参军经历还颇具传奇色彩。那是 1947 年的一天夜里，睡梦中的田全仁忽然听到村里的狗狂叫不止，知道大事不好，肯定是国民党的军队趁着黑夜抓壮丁来了，于是一骨碌从床上爬起来，冲出房门，从自家后院墙翻了出去。哪知道，他脚刚一落地，便有几名国民党士兵扑了过来。田全仁不甘心被抓，挥拳打伤了一名冲在前头的士兵，然后一溜烟跑远了。

打伤了“官兵”，家是不能回了。无奈之下，田全仁坐着竹排船顺流而下，来到湖南常德，希望风头过后再回家团聚。无奈当时兵荒马乱，生计困难，几经辗转，田全仁和几位老乡一路漂泊到了江苏，于 1947 年 2 月在徐州参加了中国人民解放军，隶属二十五军七十四师二二二团一营机枪连。

参加革命后，田全仁跟随大部队先后参加了孟良崮战役、渡江战役等多个著名战役。1950 年 10 月，朝鲜战争爆发，战火燃烧到鸭绿江边。为了保家卫国，打败美帝野心狼，根据上级命令，1952 年，田全仁和战友们跨过鸭绿江，开赴朝鲜战场。

到达朝鲜后，田全仁作为后勤兵中的一员，主要负责战友们的饮食给养等工作。为了避开敌机的狂轰滥炸和迷惑敌人，志愿军战士多白天休息晚上行军，他们在荒野山林间披荆斩棘、艰难而行。二十多天后，终于抵达朝鲜元山，其所在部队的任务是防止敌军从海上抢滩登陆，对我军造成威胁。

1953 年 7 月，志愿军发起金城反击战，田全仁所在部队于当月 13 日进入战斗。其间，田全仁和炊事班的战友冒着敌人的炮火，一起爬山给部队送饭。半路上，一枚炸弹破空而来，田全仁隐蔽不及，被炸翻在地，严重受伤。虽经紧急抢救，无奈伤势太重，于 7 月 15 日光荣牺牲，时年 33 岁。

田全仁烈士证明书

田全仁牺牲时，家中已经有了一个年仅5岁的儿子田兴华，但父子二人从未见面。

田兴华今年74岁，现居住在湖南长沙。他说，父亲田全仁1947年2月参加革命，而他是1947年6月出生的，父亲牺牲那年他5岁，从没有见过父亲。

父亲牺牲后，母亲与田兴华相依为命，还时常给他讲述父亲的故事。不幸的是，田兴华12岁那年，母亲因为疾病撒手人寰。在当地政府的安排下，田兴华离开空荡荡的家，成了县民政局领养的“公家儿”。

田兴华回忆说：“民政局领导看我生活实在困难，就把我转成城市户口，一个月给6块钱的生活费。上学后，学校发给我7块钱的助学金。”

田兴华说，自己虽然孤身一人，但他并不感到孤独，因为父亲的光辉事迹始终激励着他。1967年下半年，正在读高三的田兴华动了参军的念头，就跑去报了名，并顺利成为一名光荣的解放军战士，所在部队为湖南省军区益阳军分区独立一营。

参军后的田兴华训练刻苦，积极上进。因考核突出，后顺利提干。从那时起，他就有了寻找父亲安葬地的想法。

田兴华说：“从2015年开始，我便开始了寻找父亲的计划，我想能够在父亲坟上拜一拜，在父亲坟上捧一抔土，跟母亲埋在一起，让他们夫妻团圆，这也是我当儿子的一点孝心。”

一次偶然的机会，田兴华从父亲生前战友的口中得知，父亲牺牲后，被安葬在朝鲜平康烈士陵园。2018年，沿着父辈的足迹，田兴华来到了朝鲜平康。然而，在平康，田兴华找遍了每一块烈士纪念碑，也没能找到父亲的名字。失望之余，田兴华带了两包土踏上了归途。同年12月24日，田兴华回到老家辰溪，把从朝鲜带回的两包土和母亲埋在了一起。

找父亲回家的愿望实现了，但如何能让父亲的容貌重现，又成了他的另一桩心愿。“一直在想把我父亲的相片和我母亲的相片合在一起，刻在墓碑上，一个是想让子孙后代能够看到，另一个也是红色的传承，给后代留一个纪念。”

田兴华说，给父亲画一张画像的愿望，已经在他心里很多年了，但是一直没能实现。一个偶然的机会，他看到林宇辉警官给他的朋友皮蜡生的父亲画的画像后，便再也坐不住了，急忙从千里之外的长沙赶到了济南，希望林警官能同样完成他的心愿，并随身带来了自己的大叔和小叔的照片。

林警官热情地接待了田兴华老人，最终以两张照片和老人为“底本”，画出了田全仁烈士的画像。

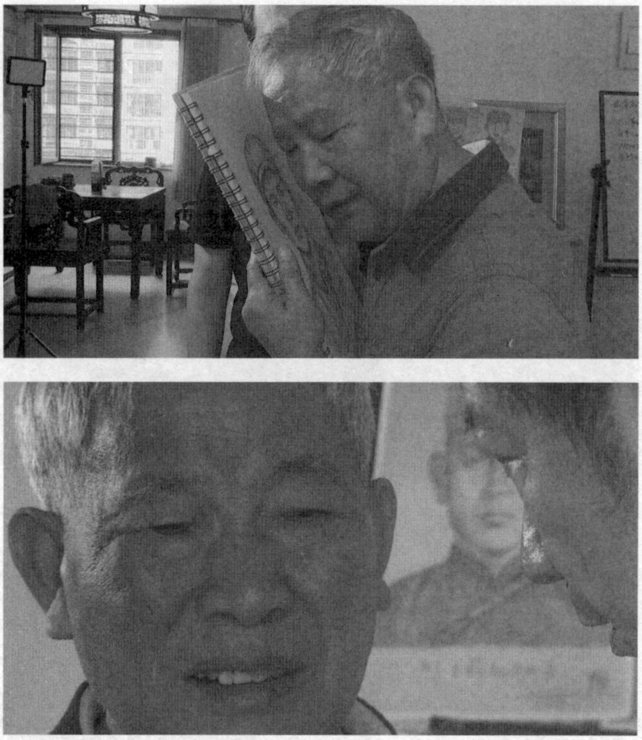

田全仁烈士亲属看画像

当看到画像的那一刻，田兴华老人激动不已，“中国人民志愿军田全仁烈士画像……有点像我大叔叔的样子。”随后，通过视频连线，田兴华让远在家乡的田全文叔叔提点修改意见……

当画像定型的那一刻，田兴华老人把脸紧紧地贴上在了父亲的画像上，哭着说：“爸爸，您好吗？70 年了，今天儿子终于看到您了……心里的愿望都实现了。”

两代人，70 年，终于见到烈士父亲的模样，74 岁的田兴华不禁老泪纵横。在这里，我们要向那些用青春、用热血、用生命换来今天幸福生活的人致敬，正是有了他们的流血牺牲，才有了我们的美好岁月。

【烈士档案】

田全仁，湖南辰溪人，1920 年 11 月出生，生前为中国人民志愿军二十四军七十四师二二二团一营供给员，1953 年 7 月 15 日牺牲在朝鲜平康，时年 33 岁。

不打胜仗誓不还

青海长云暗雪山，孤城遥望玉门关。

黄沙百战穿金甲，不破楼兰终不还。

这是唐代诗人王昌龄的七绝《从军行》，说的是一位战士远离故土，奋勇杀敌，并立下铮铮誓言，不打败外敌誓不还乡的故事。

今天我们故事的主人公——抗美援朝英雄李兰金烈士也是这样一位热血男儿，他的故事动人心弦。

讲故事的人叫李秀玲，老家在河北省平山县下盘松村，现居住在北京。李兰金烈士是她的三叔，1946 年 7 月参军，后入朝作战，1951 年 4 月 24 日在攻打汉城（今韩国首尔）的战斗中英勇牺牲。

“娘，你就放心吧，只要敌人还没有消灭干净，我就一定会把革命进行到底！”这话是李兰金烈士离家参军之前跟母亲说的。正是带着这种必胜的信念，年轻的李兰金大步向前，加入了解放全中国的革命队伍中。战场上李兰金浴血奋战，很快就从一名新兵成长为一名合格的解放军战士。

李秀玲说：“参军之后，三叔就再也没有回过家……1949 年春天的时候就立功了，奶奶说是在攻打太原的时候立的功，还有就是他在朝鲜战场上也立功了，这个奶奶没有说……”

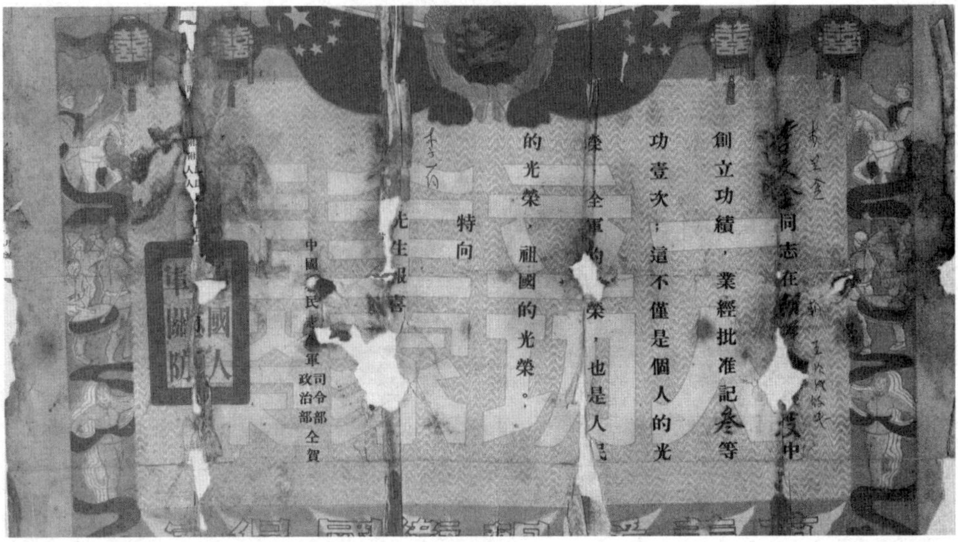

李兰金烈士的立功喜报

多少年来，这张字迹模糊、纸张残损的立功喜报，李秀玲一直视若珍宝，因为这不仅是她的三叔立下军功的明证，更是家人的念想。

李兰金同志，在朝鲜五次战役中，创立功绩，经批准记三等功一次，这不仅是个人的光荣，全军光荣，也是人民的光荣，祖国的光荣。

李秀玲说，立功喜报寄到家里时，全家人别提多高兴了。然而，就在大伙为英勇杀敌的三叔感到骄傲时，另一则不幸的消息随之而来——三叔牺牲了。“当三叔的阵亡通知书寄回家的时候，我奶奶没在家，正在外面开会。过了两天奶奶回家，她一进家门，看着家里人一个个眼泪汪汪的时候，她心里就沉了一下。后来我爷爷才慢慢悠悠地说，咱兰金子牺牲了。奶奶听了以后，头当时就嗡的一下，眼前天旋地转，但站稳了以后，她就说，哭什么，没有牺牲、不流血汗，哪能换来咱的胜利！”

就这样，一家人把三叔牺牲的悲痛深深埋在了心底，从此奶奶很少再提起三叔。李秀玲说，她崇拜三叔，但是更崇拜自己的奶奶，因为在她心中，奶奶是一位既慈祥又伟大的一位母亲。

李秀玲的奶奶叫戎冠秀，河北省平山县人，生于1896年，早年投入抗日救亡运动，1938年2月加入中国共产党。加入党组织以后不多久，她就担任了下盘松村的妇救会主任，还负责领导儿童团，在宣传抗日的同时为八路军筹备粮草，救助医护伤员。

李秀玲说：“奶奶在抗战时期是妇救会主任，我们下盘松村是八路军供给部所在地，又是八路军被服厂所在地。更重要的，我们村还是八路军伤员转运站，只要前方有伤员下来了，都会先送到我们村，她是妇救会主任，有什么情况大伙先告诉她，哪个伤员到谁家去了，必须有人告诉她，这是她跟村里人提的要求。”

从救治八路军伤员，到为部队筹粮筹物，到处都有戎冠秀的身影。李秀玲说，正是在奶奶的带领下，她的爷爷、大伯、父亲以及三叔都相继加入了拥军队伍中。当时，爷爷是农会主任，大伯是工救会主任，父亲在外地放羊，也有任务，比如送鸡毛信……受家庭的影响，三叔李兰金小小年纪就当了青救会主任。

1943 年冬天，日寇对晋察冀抗日根据地发动了残酷“扫荡”，根据地战事日趋紧张，因为下盘松村是八路军伤病员转运站，所以村里的伤员战士也随之增多。而这时的戎冠秀，也把精力全部投入到了照顾伤员的工作中。一次，戎冠秀在自己两天两夜没有合眼的情况下，又用整整一夜的时间，救了一个头上有六七处刀伤，已经重度昏迷的八路军伤员。伤员苏醒后，含着热泪对戎冠秀说：“好人，我的好老人，你比我娘亲，我一辈子都忘不了你。”担架已经开始抬走了，这名伤员还在说“好老人，好老人”，后来，这位伤员再次回到下盘松村认戎冠秀为娘。

1944 年 2 月，晋察冀边区召开群英大会，会上戎冠秀被授予“北岳区拥军模范——子弟兵的母亲”光荣称号。抗战胜利以后，在 1946 年的扩军大会上，戎冠秀把自己的小儿子送进了部队。

李秀玲说：“当时，我奶奶参加扩军大会，会场上她第一个站起来高声说‘区长，我要给我的三个儿子报名参军，让上级去验，验上哪个哪个去，都验上就都去！’这已经是我奶奶第二次给自己的儿子报名参军了。结果区里就给了一个名额，我三叔李兰金就参军了。”

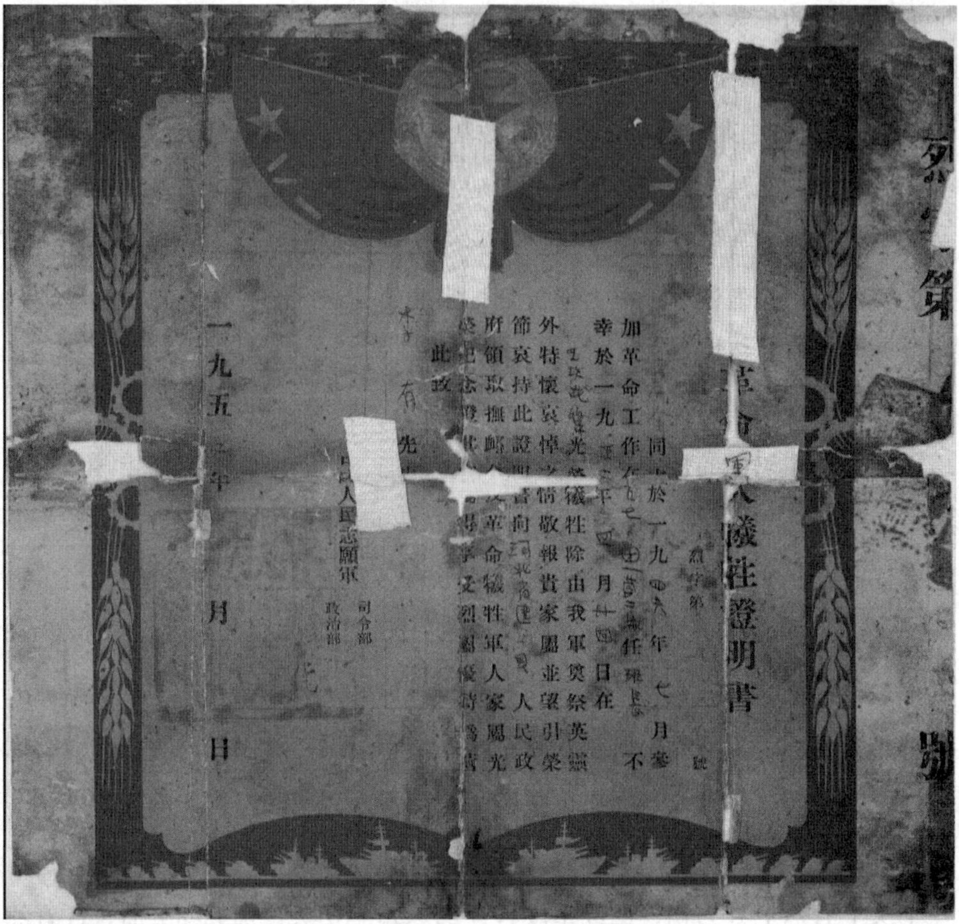

李兰金烈士证明书

小儿子参军之后，戎冠秀依旧一心扑在工作上。哪个母亲不疼儿？何况白发人送黑发人。当李兰金不幸牺牲消息传到家时，戎冠秀默默地把这份悲痛藏在了心底，而每当想念儿子的时候，她就跑到没人的地方，对着大山，呼喊着儿子的名字。

李秀玲说：“奶奶特别难过的时候，她不想哭，她害怕别人看到，于是就冲着远处的山，喊着我三叔的名字，她喊‘兰金子’，就这么喊着，她不哭，她就喊我三叔的名字。”

李秀玲说，作为后辈，他们这些年也曾四处寻找过三叔的安葬地，但始终没能找到。现在，她最大的心愿就是能重现三叔的容貌，把三叔的故事一

李兰金烈士的家属看画像

代代传下去。等回老家的时候，能把三叔的像挂在奶奶的旧居里面，跟家人团聚。

幸运的是，李秀玲手中有一张抗战年代，她的奶奶开家庭民主生活会时候的照片，李兰金烈士有一个侧面影像。还有，李兰金烈士和自己的父亲长相接近，这多少减轻了林宇辉警官画像的难度。当林警官把精心绘制的画像捧给李秀玲时，李秀玲激动不已，连连道谢说，跟想象中一样。

对着烈士画像，李秀玲动情地说：“三叔，今天终于见到您了！让我们好好看看您，我们的心愿完成了，奶奶的遗愿也完成了，我们一家终于团聚了。我们会教育我们的后代要记住您，记住和您一样的那些千千万万的牺牲在抗美援朝战场上的志愿军烈士。”

【烈士档案】

李兰金，河北平山下盘松村人，1925 年 1 月出生，1946 年 7 月参军入伍，生前为中国人民志愿军六十四军一九二师五七五团连长，1951 年 4 月牺牲在朝鲜，时年 26 岁。

兄弟别离在战场

正当林宇辉警官为百名烈士公益画像的活动紧张进行之际，这天，一位女士专程从河北衡水来到济南，请求林警官为牛景瑞烈士画一幅像。

登门求助的女士叫牛宝新，今年55岁。牛景瑞烈士是她的二伯，1953年牺牲在朝鲜战场。这些年来，她一直自责，如果自己能早一点找到二伯的墓地或者给二伯画一张像，父亲肯定非常欣慰。而今，父亲已经去世，这成了压在她心头的一桩憾事。

多少年了，不管是提起父亲，还是提起二伯，牛宝新总会忍不住流泪……她很自责，也很遗憾，没能在父亲临终前找到二伯的安葬地。当年，二伯和父亲一前一后去了朝鲜战场，父亲回来了，可二伯却倒在了异国他乡。

牛宝新说：“我父亲活着回来了，二伯却永远留在了朝鲜，他心里不好受。每次提到二伯的时候，父亲就特别难受，都会流眼泪……”

牛景瑞，河北衡水人，1925年出生。1938年4月，八路军挺进冀东，组织二十余万人进行武装暴动，年仅13岁的牛景瑞积极参战，从此走上了革命道路。抗日战争时期，牛景瑞先后参加了五次反“治安强化运动”。解放战争期间，在攻打宁城战斗中，连续打退国民党军队三次反扑，荣立大功一次。此后，他跟随部队挺进东北，先后参加辽沈战役、平津战役、渡江战役、衡宝战役等，从东北一直打到广西。剿匪任务完成后，牛景瑞升任中国人民解

牛景瑞烈士证明书

放军四十六军一三三师三九九团副团长。1952 年 9 月，牛景瑞任一三三师司令部侦察科科长，入朝作战。

1953 年，在下勿闲北山战役中，牛景瑞带领侦察班的几名勇士潜入敌人的前沿阵地侦察。这里筑有敌人的四个碉堡，牛景瑞和战友们奉命炸毁它们，以扫清我军前进道路上的障碍。战斗中，牛景瑞奋勇冲锋，左臂受伤，但他没顾上包扎伤口，而是带着战友们继续前进。当接近碉堡后，他和战友们把手榴弹绑在一起，扔入敌人的碉堡里面，就这样，敌军阵地上的四个碉堡被牛景瑞和战友们一一摧毁。不幸的是，激战中，牛景瑞被敌人的子弹打中头部，壮烈牺牲。

牛宝新说，二伯牛景瑞从 13 岁参军到 28 岁牺牲，这 15 年中，始终积极向上，刻苦研究侦察技术，多次完成重大侦察任务，用他年轻的生命，生动诠释了他爱国的决心。

当时，同在抗美援朝战场的还有牛宝新的父亲，也就是牛景瑞烈士的弟弟牛景德，时任中国人民志愿军六十七军二〇〇师的卫生员，后于牛景瑞烈士去往朝鲜。战争间隙，兄弟俩曾匆匆见过一面。

异国他乡兄弟相逢，而且还是在战场上，他们自然有说不完的话，但由于战事紧张，牛景瑞只来得及问了问家里的生活情况和老人的身体状况，兄弟二人便匆匆分别了。

谁也没有想到，战场上的这次意外相逢竟是兄弟俩的最后一面。当战争胜利，牛景德满心欢喜地回到家时，家人已经先期接到了牛景瑞壮烈牺牲的噩耗。在牛宝新的记忆中，父亲生前很少提起二伯，她知道，二伯是父亲心里永远的痛。

牛宝新说："2014 年，当从新闻里听说我国派出专机，从韩国运回四百多具志愿军遗骸的时候，父亲两三天没怎么吃东西，后来就说咱们也找找你二伯吧，看看能不能找到他的墓地。我感觉他可能心里面其实一直有这个想法，一直想找，但怕给我们添麻烦，再说也不愿意提起这些伤心事，所以一直没有吱声。"

尽管此后父亲再也没提过寻找二伯的事，但牛宝新女士深深地记在了心里。经过三年多的寻找，在志愿军烈士后代的帮助下，牛宝新终于找到了二伯牛景瑞的安葬地——朝鲜开城烈士陵园四号墓。这次，她专程从河北衡水赶到济南，就是希望林警官能为二伯画一幅画像，了却父亲另外一个从未说出的心愿。

牛宝新说，虽然父亲不说，但是她知道，二伯不能回家一直是父亲心里的痛。好在，她找到了二伯的安葬地，也捧回了一抔土，将二伯安葬在了他们当地的烈士陵园。这次来济南，她想请林警官为二伯画一幅像，让后代永远记住二伯。此行，她带来了她另一位叔叔以及她父亲参军时的照片。

在现场，林警官通过牛景瑞烈士的兄弟以及后代们的照片，慢慢画出了烈士的画像，并配上了志愿军的服装和军帽。

看着二伯的画像，牛宝新如释重负说："终于见到二伯的容貌了，我也终于了却……爸爸的心愿了。回家后，我就把二伯的画像给他老人家看看，还要告诉爸爸，二伯的墓地也找到了，他和二伯可以安息了。"

【烈士档案】

牛景瑞，河北衡水人，1925 年出生，1938 年 4 月入伍，1940 年加入中国共产党。生前为中国人民志愿军四十六军一三三师司令部侦察科科长。1953 年 5 月在抗美援朝战争中牺牲，时年 28 岁。

一位民航飞行员的心愿

有这样一位七旬老人，不远千里，从广州来到济南，希望林宇辉警官能帮他完成一个积压心头70年的愿望，那就是为他牺牲在朝鲜战场上的父亲陈道友画一张像，弥补一下父子无缘一见的遗憾。

在林警官的画室，提起自己的父亲，老人不禁泪流满面地说：“我从出生到现在，没见过父亲一面，梦过多少次，哭过多少次，想见见父亲……可是没有机会。”

他叫陈德志，1951年6月出生，现住在广州。老人说，他的父亲叫陈道友，生于1926年6月。1950年10月，抗美援朝战争爆发，父亲陈道友在老家湖北襄阳报名参军，在陈德志出生的前一个月，也就是1951年的5月，奉命去了朝鲜战场。1952年3月9日，陈道友在对敌作战中壮烈牺牲，从此，父子天人永隔，再也没有了相见的机会。

那天，在朝鲜三郡里，陈道友和战友们与敌人正面遭遇，战斗非常激烈。突然，迎面飞来一颗手榴弹，落到了我军战壕里。危急时刻，陈道友一把抓起冒着白烟的手榴弹，想扔出战壕。不料，时间已经来不及了，只听手榴弹一声爆响，陈道友血洒疆场，壮烈牺牲。

当时，陈德志才9个月大，上面还有一个姐姐。他们的妈妈带着一个嗷

陈道友烈士证明书

嗷待哺的儿子和一个懵懂无知的女儿，生活的艰辛可想而知。无奈之下，母亲把女儿寄养在了娘家，自己则带着两岁多的陈德志改了嫁。

老人说，母亲改嫁后，继父一直将他视如己出，由于担心他有心理阴影，还特地让陈德志喊自己叔叔，以至于他后面出生的几个弟弟和妹妹，也喊自己的亲生父亲为叔叔。

随着年龄渐长，陈德志陆陆续续从母亲那里了解到了更多关于亲生父亲的故事，从那时起，陈德志就为自己能有这样的一位英雄父亲而感到骄傲。他说：“作为革命烈士子弟，我很早就有一个愿望，要去参军，就感觉当兵光荣，也想继承父亲的遗愿，于是就报名参了军。”

参军后的陈德志刻苦训练，精益求精，因为成绩突出，在入伍的第二年，被中国南方航空公司选拔为民用航空公司的飞行员，成为一名正式的民航飞行员。

陈德志说，他 1968 年当兵，1969 年应选成为一名民航飞行员，这个职业是比较严谨的，而且责任重大。从成为中国南方航空公司飞行员的那一刻起，他就觉得身上的担子沉甸甸的，于是暗暗下定决心，对组织上交给的任务，一定保质保量完成好，不能给父亲丢脸。

正是在父亲精神的鼓励下，在四十多年的飞行生涯中，陈德志始终兢兢业业，不断提升自己的飞行技术，后成为一名专门培训机长的飞行教员。

随着工作与家庭的逐步稳定，陈德志开始急切地想找到父亲的埋葬地。2018 年，循着父亲的红色足迹，陈德志跨过鸭绿江，赶到朝鲜，去父亲的牺牲地一路寻找关于父亲的点滴线索。但遗憾的是，在朝鲜开城抗美援朝纪念馆的英烈墙上，陈德志并没有找到父亲陈道友的名字，也没能找到父亲的埋葬地。带着遗憾从朝鲜回来后，陈德志并没有放弃寻找，最终在沈阳抗美援朝烈士陵园的英名墙上找到了父亲陈道友的名字，找到父亲后，如何能让父亲的容貌重现，成了老人最大的心愿。

陈德志说：“随着年龄越来越大，尤其在逢年过节，或者自己在工作上受到挫折的时候，都会想到自己的父亲。如今，自己也是 70 岁的人了，却从没有见过父亲一面……如果说，来生我还能做他的儿子，我一定把今生的遗憾补上。”

来济南后，陈德志老人向林宇辉警官提供了姐姐的照片以及自己穿军装的照片。此外，老人还有一个姑姑，今年 87 岁，对陈道友烈士印象较深。

趁着林宇辉警官调整画像的时间，陈德志老人把专程带来的飞行员制服穿在了身上，他说，

沈阳抗美援朝烈士陵园英名墙上陈道友烈士的姓名

陈道友烈士的儿子将父亲的画像紧紧贴在自己的脸上

他要用自己最精神的一面与父亲相见。

老人的妻子崔崇说：“这些年来，作为飞行员，陈德志飞济南很多次，但是今天的飞行，我们的心情特别不一样，我们到这儿来是和父亲相见的，所以这是一次特殊的到达。”

说话间，林宇辉警官完成了烈士画像最后的修改工作。看到父亲画像的那一刻，陈德志老人将画像紧紧地抱在了怀中，流着泪说：“谢谢，谢谢林警官。爸爸，您的儿子是70年间第一次见到您的容貌，看到您我很自豪，我也相信您看到我，也会自豪和骄傲。”

时隔70年了，能够看到父亲的容颜，陈德志心情久久难以平静。但父亲的容貌还原是否准确呢？在现场，陈德志视频连线了远在老家的姑姑，得到了姑姑的认可，这让在场的每一个人都无比欣慰。

安息吧，共和国的勇士们！安息吧，最可爱的人！我们没有忘记，共和国不会忘记。

【烈士档案】

陈道友，湖北襄阳人，1926年6月出生，生前为中国人民志愿军六十四军一九〇师五六八团战士，1952年3月在朝鲜牺牲，时年26岁。

血洒长津湖

车过鸭绿江，好像飞一样。祖国，我回来了，祖国，我的亲娘。我看见，你正在向着你远离膝下的儿子招手……

车过鸭绿江，好像飞一样，但还是不够快啊，我的车啊，你为什么这样慢，一点都不懂儿女的心肠……

张玉英，山东潍坊峡山人，她读的是抗美援朝战争结束后，她的父亲张所温和战友们在回国的火车上写的一段日记。

那是1953年12月的一天，她的父亲张所温从朝鲜战场胜利归来，而父亲的叔伯兄弟、张玉英的伯父张所聘却永远地留在了异国的土地上。

张玉英说，她的大伯张所聘1949年2月在老家潍坊入伍，同年9月，她的父亲张所温也追随大哥参军入伍，巧的是兄弟二人都被分配在了同一支部队。1950年6月，朝鲜战争爆发。同年11月，兄弟二人跟随所在部队跨过鸭绿江，奔赴朝鲜战场。入朝后，兄弟二人同在志愿军二十七军九十四师二八零团，张所温是话务员，张所聘是电话员。

据史料记载，二十七军九十四师二八零团隶属中国人民志愿军第九兵团，司令员宋时轮，兵团由二十军、二十六军和二十七军组成。1950年11月中旬，第九兵团悄然入朝，按照部署，迅速奔赴到了位于朝鲜东北部的长津湖地区。

张所聘烈士证明书

当时正值寒冬，当地气温低至 -20℃到 -30℃。严寒中，战士们咬牙坚持着，终于等来了战斗的命令。从 1950 年 11 月 27 日到 12 月 24 日，在历时近一个月的长津湖战役中，在敌强我弱的不利态势下，我第九兵团战士与武装到牙齿的美军殊死搏斗，凭着钢铁般的意志和大无畏的牺牲精神，征服了极度恶劣的环境，打退了敌人一次又一次疯狂进攻，最终一举扭转了战场态势。

张玉英说：“我大爷是 1950 年 12 月 16 日牺牲的，被敌人的炮弹炸了，肚子都炸开了……父亲后来说，肠子都炸出来了。父亲看到我大爷的惨状，不顾天寒地冻，脱下一件衣服来，给我大爷整理了伤口……然后，然后就奉命撤退了……”

因为战事紧张，张所温最终没能来得及把大哥的遗体掩埋，而就在张所聘牺牲三天之后，张所温也在一次战斗中负伤，不得不退出了战场。

张玉英说：“那天是 12 月 19 日，美军一个炸弹突然飞来，把父亲一只脚的趾头给硬生生地炸没了。部队安排他 1951 年 1 月回国，在黑龙江疗养院养了半年的伤。”

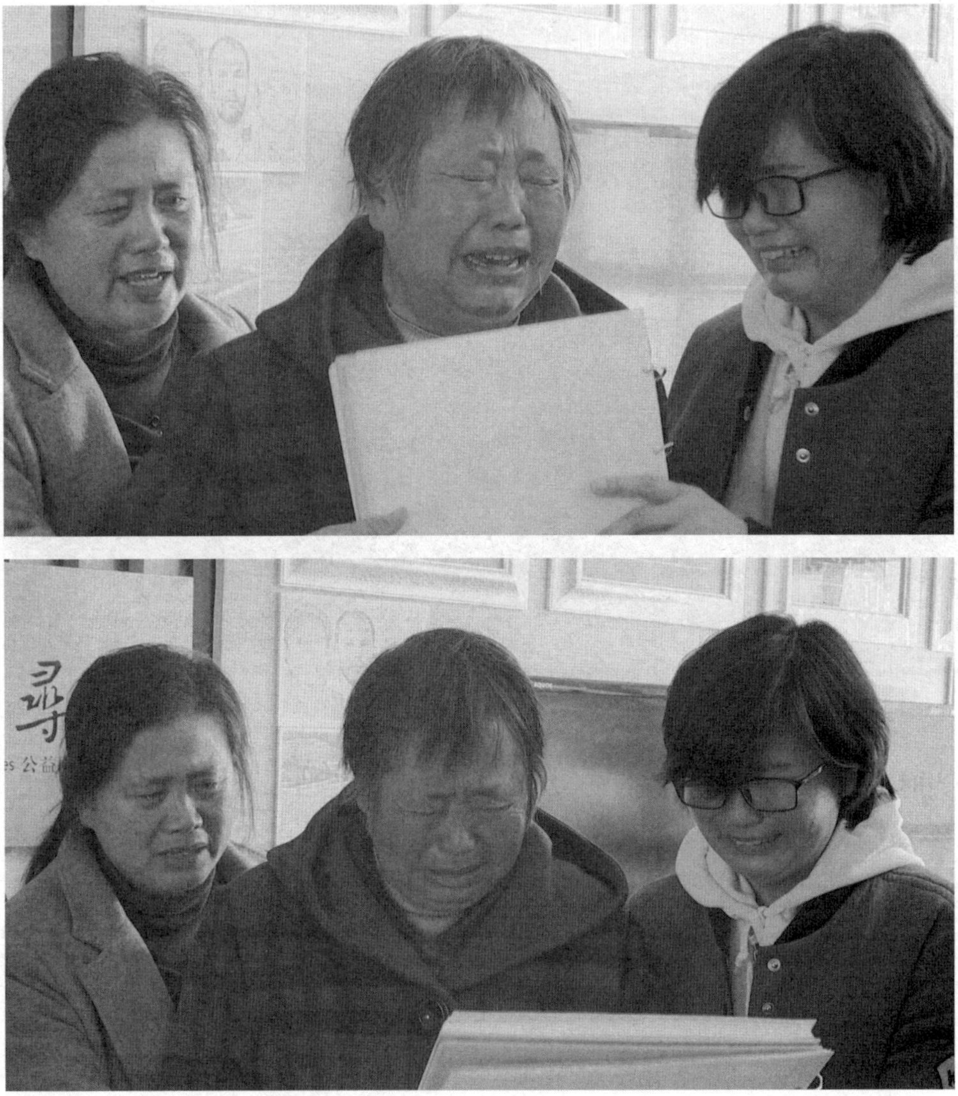

张所聘烈士的家属看画像

伤愈后的张所温再次请战，经过组织批准，张所温如愿再次回到朝鲜战场。1953年7月27日，抗美援朝战争结束，张所温于同年12月随部队回国。然而，胜利回国后的张所温，却很少对家人提及战场上的往事。

张玉英说，大伯张所聘上朝鲜战场前，妻子已有身孕，后生下一个女儿，叫张玉秋，如今已是72岁的老人。听说林宇辉警官能给烈士画像，张玉秋和堂妹张玉英专程来到了济南。

张玉秋从小跟着奶奶长大，与奶奶相依为命。她还依稀记得，每次自己想问一些关于父亲母亲的事，奶奶都是掩面哭泣。

渐渐地，张玉秋懂些事了，才慢慢从堂妹张玉英那里零星知道了些父亲的故事。

张玉秋说，这些年，她最大的心愿是由堂弟（张所温的大儿子张士鹏）陪同去朝鲜祭奠一下父亲，但遗憾的是因为身体等方面的原因一直未能成行。如今，她已是古稀之年，特别盼望能在有生之年见一下父亲的相貌。

七十多年了，那份看不见摸不着的父爱，一直萦绕在张玉秋老人的心中，从呱呱而哭的婴儿到古稀老人，这份思念从未停止，而且随着岁月的流逝，越来越浓。幸运的是，在模拟画像专家林宇辉警官帮助下，老人的心愿达成了。

林宇辉说："长津湖这场战役打得比较惨烈，尤其是我们当初入朝作战的那些战士，他们都是穿着单衣去的，12月份也正是当地最寒冷的时候，那个时候，人们应该是戴着棉帽子，但是真实的情况是否有棉帽子，我就不知道了，但是我还是想画顶棉帽子吧，至少让他的亲人感觉不是那么寒冷。"

当画像完成的那一刻，看着父亲的面容，张玉秋老人泪流满面，她说："好像是有了父亲了，心里真是高兴。七十多岁了，终于有了父亲，我小时候没见面，我七十多岁了才见到父亲了……爸爸，我是您的女儿啊，您好好看看我，这是我们第一次相见啊！七十多年了，我终于见到您了，让女儿抱抱您吧！"

【烈士档案】

张所聘，山东潍坊峡山区人，1929 年 4 月出生，1949 年 2 月加入中国人民解放军，1950 年 11 月入朝作战，生前为中国人民志愿军第九兵团二十七军九十四师二八零团电话员，1950 年 12 月 16 日在长津湖战役中牺牲，时年 21 岁。

从家门口奔赴朝鲜战场

16岁那年他独自离家，去寻找革命队伍。18岁那年，他如愿以偿参军入伍，跟着本家祖父黄保林，在战场上冲锋陷阵，多次荣立军功。

21岁那年，他从家门口开赴朝鲜，次年在朝鲜云山里战斗中壮烈牺牲……

他叫黄锦，山东兖州人，中共党员，生前为中国人民志愿军二十六军七十八师某排排长。

黄锦同志，在人民解放战争中，英勇奋战积极工作，为人民立下二等功。中国人民解放军华东野战军，1948年10月。

黄锦同志，在淮海战役中，英勇顽强，完成艰巨任务，为人民立下三等功。

黄锦同志，为中国人民解放事业英勇奋斗，于二月一日创立功绩，记二等功两次。

为我们读喜报的是山东兖州居民黄秦岭，黄锦烈士是他的大伯。时至今日，黄秦岭家中仍然珍藏着黄锦烈士的遗物，这是他们老黄家的骄傲，更是一份难得的念想。

他说，大伯留下的这些立功喜报已有七十多年的历史了，虽然已经泛黄，有的已经破损，但他一直小心翼翼地珍藏着，得空了就拿出来看看。这些老物件，浓缩了大伯虽短暂却战功赫赫的一生，他要世世代代传下去。

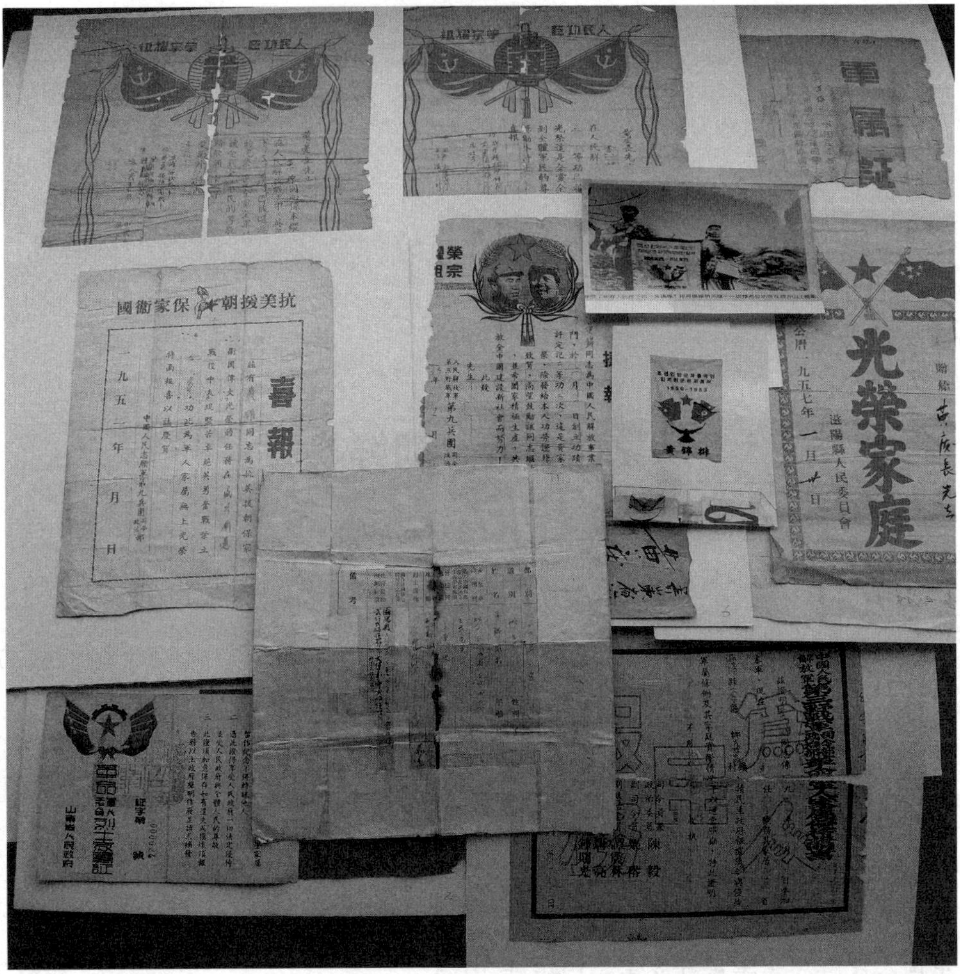

黄锦烈士立功喜报

黄秦岭说，大伯黄锦从小就喜欢当兵。16 岁那年，黄锦就曾经独自离家，去寻找革命队伍。1947 年，刚满 18 岁的黄锦跨省跑到了河南周口，找到他的本家祖父黄保林要求参军。当时，黄保林是中国人民解放军的一位连长，耐不住他的软磨硬泡，于是答应了他的自荐请求。

据了解，黄锦所在部队为中国人民解放军二十六军七十八师，在解放战争期间，曾参加莱芜战役、孟良崮战役、济南战役、渡江战役、淮海战役等一系列重要的战役或战斗。每次战斗，黄锦都冲锋在前，英勇杀敌，家人接连收到他的立功喜报。

1950 年 11 月，黄锦同志所在部队奉命在兖州颜店村休整，之后将赴朝鲜参加战斗。这是黄锦离家参军的第五年，也是距离家乡最近的一次。父母一看儿子已经出去四五年了，都没进过家门，于是结伴赶到了颜店。

此时，黄锦已经升任副排长，因为担心父母的到来给部队造成负担，匆匆见了一面之后，第二天就劝父母回了家。没想到这一别，竟是永远……

黄秦岭流着泪说：“大伯他们在颜店村休整了二十几天，然后步行出发，去兖州坐火车前往朝鲜。当时，我们村是通往兖州的一条必经之路，可是到了我们村头，我大伯也没有停下，也没有来得及看望一下我的奶奶爷爷，从那以后，他们就再也没有相见……”

奔赴朝鲜战场后，黄锦所在部队的番号没变，只是由中国人民解放军改为中国人民志愿军。自 1950 年 11 月起，黄锦所在的中国人民志愿军二十六军七十八师先后参加了第二、第四和第五次战役。其间，黄锦因英勇杀敌，荣立二等功一次，三等功一次，先后任副排长、排长。因他带领的排英勇善战，被上级授予“黄锦排”的荣誉称号。

黄秦岭说：“最让我们家感到自豪的，就是这一张授奖照片，以我大伯的名字命名了一个排，叫“黄锦排”。“黄锦排”一个排的兵力打退了敌人一个营的八次疯狂进攻，守住了 227.5 高地。这个高地是我军前进过程的一个跳板，只要守住这个高地，我军就能从这个高地顺利通过，我军很多弹药、物资，也都是通过这个高地运输的。

“黄锦排”授奖照片

黄锦烈士证明书

当时，远在家中的父母接连收到儿子的立功喜报，除了自豪之外，更多的还是担心。再后来，便有不幸的消息传来，1951 年 4 月，黄锦在朝鲜云山里战斗中牺牲，年仅 22 岁。

黄秦岭说：“我爷爷和奶奶接到烈士证书的时候，几天几夜没吃饭，也不睡觉，像天塌了一样，因为平时接到的都是喜报，当接到这个证书的时候，家人实在难以接受。”

烈士的鲜血没有白流。黄秦岭说，大伯牺牲以后，兖州县（今山东济宁兖州区）政府奖给他们家一匹部队退役的白色战马、五间房子、2250 斤小米和部分抚恤金。当时正值困难年代，小米送来后，爷爷就把其中一部分分给了当地的困难群众。

几十年弹指一挥间。时至今日，黄秦岭一直保存着大伯黄锦立功受奖的资料，但遗憾的是没有一张清晰的照片，所以希望能得到林宇辉警官的帮助。

幸运的是，黄秦岭手中有两张黄锦烈士的照片，其中一张是奶奶传给他的彩色照片，只可惜已经非常模糊，只能看清一只眼睛和大体轮廓。另外一张是一位战地记者拍的黑白照片，是在阵地上颁发“黄锦排”锦旗的场景，也比较模糊。

所谓难中见巧。经过仔细分析之后，林宇辉警官慢慢画出了烈士的“遗容”。

看着大伯的画像，黄秦岭激动不已地说：“像、像、很像……心情很激动，首先很感激林警官，为我们全家完成了一个心愿，这个画像就是我心目中的大伯！”激动之余，黄秦岭还跟林警官说了一个小秘密，“林老师，我本人也是画画的，美术专业毕业的。伯父的这个像，我尝试着画过好几次，但就是画不出我大伯的气质，你画的是英雄的形象，是我心目中的大伯，所以我非常感谢你。”

除此之外，黄秦岭还透露，大伯黄锦的英雄事迹在家乡兖州影响巨大。2019年5月，他们还成立了英雄“黄锦排”寻访团，其中大部分成员是退休老师，他们是被黄锦烈士的英勇事迹所感动，自发组成的一个13人的团队，目的是寻访“黄锦排”背后的革命故事，以告慰先烈，激励后人。

当寻访团团长秦老师看到烈士画像后，也激动不已，他说，黄锦烈士是寻访团的核心人物，如今有了一张烈士的画像，对他们来说是一个极大的鼓舞。

英雄“黄锦排”寻访团成员合影

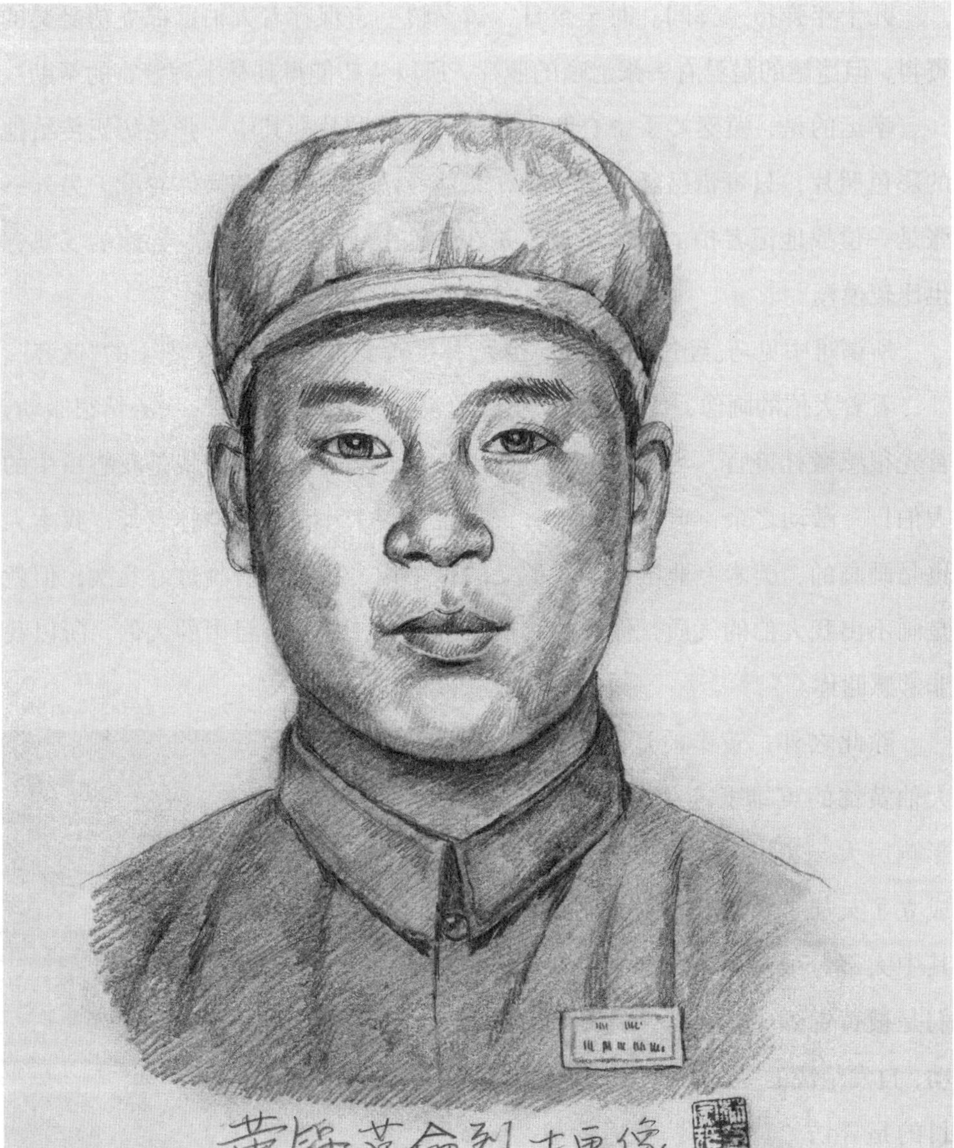

【烈士档案】

黄锦，山东兖州人，1929 年出生，中共党员，曾荣获二等功五次，三等功三次。入朝作战后，在中国人民志愿军二十六军七十八师某排任排长，所在排被授予“黄锦排”荣誉称号。1951 年 4 月在朝鲜云山里战斗中牺牲，时年 22 岁。

抗美援朝战争中牺牲的英烈画像

包四利　陈天明　段义礼　段有才　葛振康
胡敬轩　贾振法　雷柏才　雷大雄　李家发
李金章　李木社　李永福　刘培华　吕来金
皮菊秋　王焕荣　王夕岐　王星三　杨炳志
杨树棠　张维哲　赵士祯　赵喜廷　赵兴春
朱厚祥　朱全福　左　舒

【烈士档案】

包四利，安徽青阳人，1925 年 10 月出生，1951 年 3 月参加革命，生前为中国人民志愿军五九八团一连战士，1953 年 6 月 17 日在朝鲜战场牺牲，时年 28 岁。

【烈士档案】

陈天明，河南周口人，1911 年出生，1942 年参军，生前为中国人民志愿军六十三军一八七团战士，1951 年 6 月在朝鲜战场牺牲，时年 40 岁。

【烈士档案】

段义礼，山东济南长清人，1926 年出生，早年加入东北抗日联队，1945 年 9 月编入中国人民解放军四十二军一二五师，1953 年在朝鲜战场牺牲，时年 27 岁。

【烈士档案】

段有才，江苏灌云人，1926 年出生，1953 年 6 月在朝鲜青石山牺牲，时年 27 岁。

【烈士档案】

葛振康，山东临沂莒南人，1919 年出生，1945 年 9 月应征入伍，1952 年自愿报名入朝作战，1953 年在朝鲜战场牺牲，时年 34 岁。

【烈士档案】

胡敬轩，上海市上海县（今上海市闵行区）人，1927 年出生，1951 年 1 月参军，生前为中国人民志愿军公安四十三团一营一连战士，1953 年 2 月 19 日在朝鲜战场牺牲，时年 26 岁。

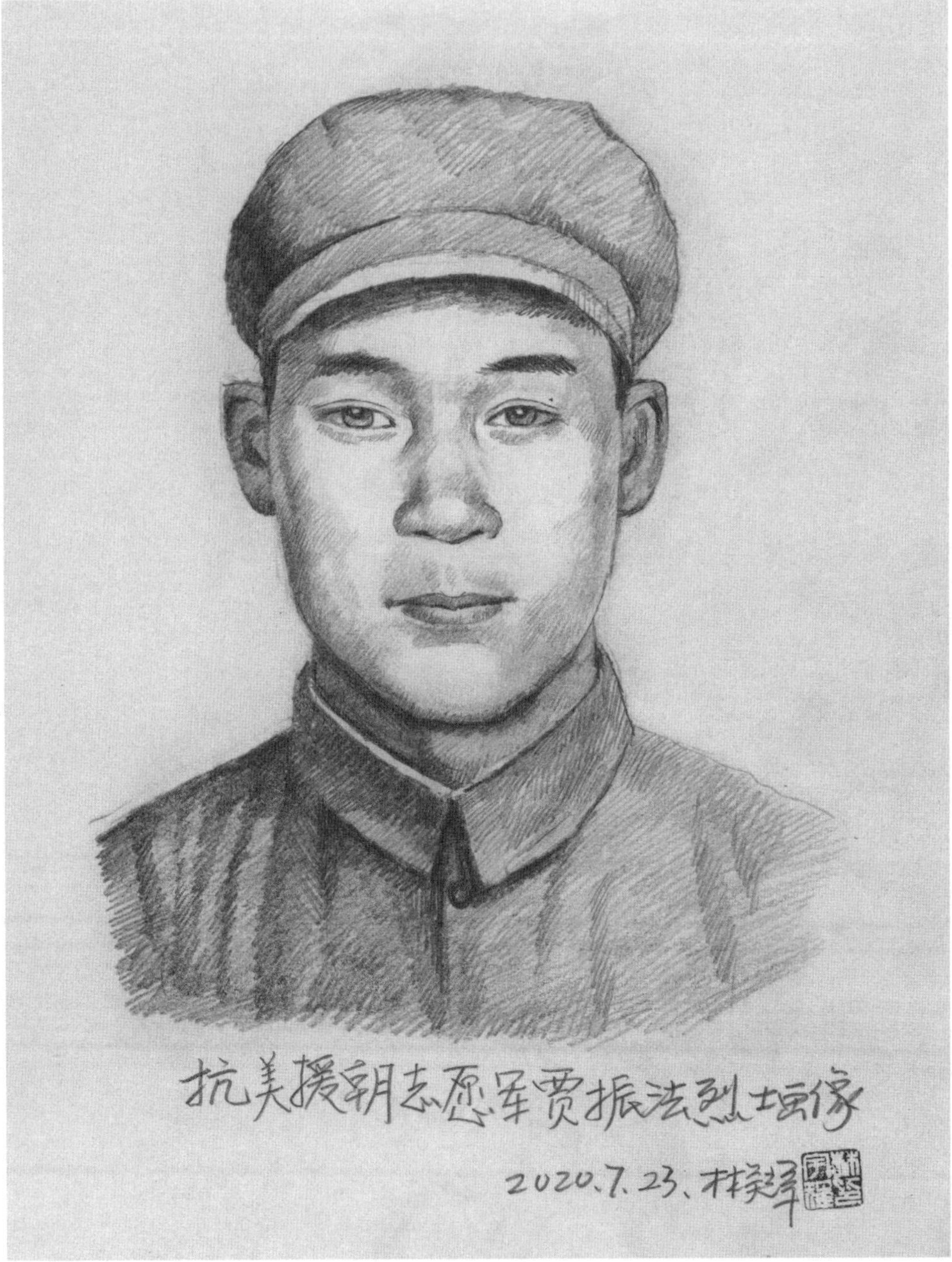

【烈士档案】

贾振法，河北邢台宁晋县人，1930 年 5 月 11 日出生，1947 年 2 月参加革命，1948 年 6 月加入中国共产党，1951 年 7 月 2 日在朝鲜斗流峯阻击防御战战斗中英勇牺牲，时年 21 岁。

【烈士档案】

雷柏才，湖南郴州嘉禾县人，1924 年 6 月 18 日出生，1947 年参加革命，中共党员，生前为中国人民志愿军三十五军一一二师三三五团战士。1950 年在朝鲜战场失踪，时年 26 岁。1963 年 2 月，由郴州行署追认为烈士。

【烈士档案】

雷大雄，湖北秭归人，1926 年 5 月出生，1951 年参加抗美援朝战争，生前为中国人民志愿军二〇三师六〇八团六连副班长，1953 年 7 月 14 日在朝鲜战场牺牲，时年 27 岁。

【烈士档案】

李家发，安徽南陵（家发镇）人，1934 年 3 月出生，1951 年 6 月赴朝作战，1953 年 7 月在战斗中用自己的胸膛堵住了敌人的地堡机枪眼，壮烈牺牲，年仅 19 岁。1953 年 9 月，中国人民志愿军领导机关追认李家发为特等功臣，授予其“中国人民志愿军一级战斗英雄”称号，并追认为中国共产党党员。

【烈士档案】

李金章，原名李尚秀，山东肥城东大封村人，1904 年出生，1951 年在朝鲜战场牺牲，时年 47 岁。

【烈士档案】

李木社，广西壮族自治区梧州市藤县人，1932 年 5 月出生，1952 年在朝鲜战场失踪，时年 20 岁。

【烈士档案】

李永福，山东曲阜人，1919年9月出生，1952年在朝鲜战场牺牲，时年33岁。

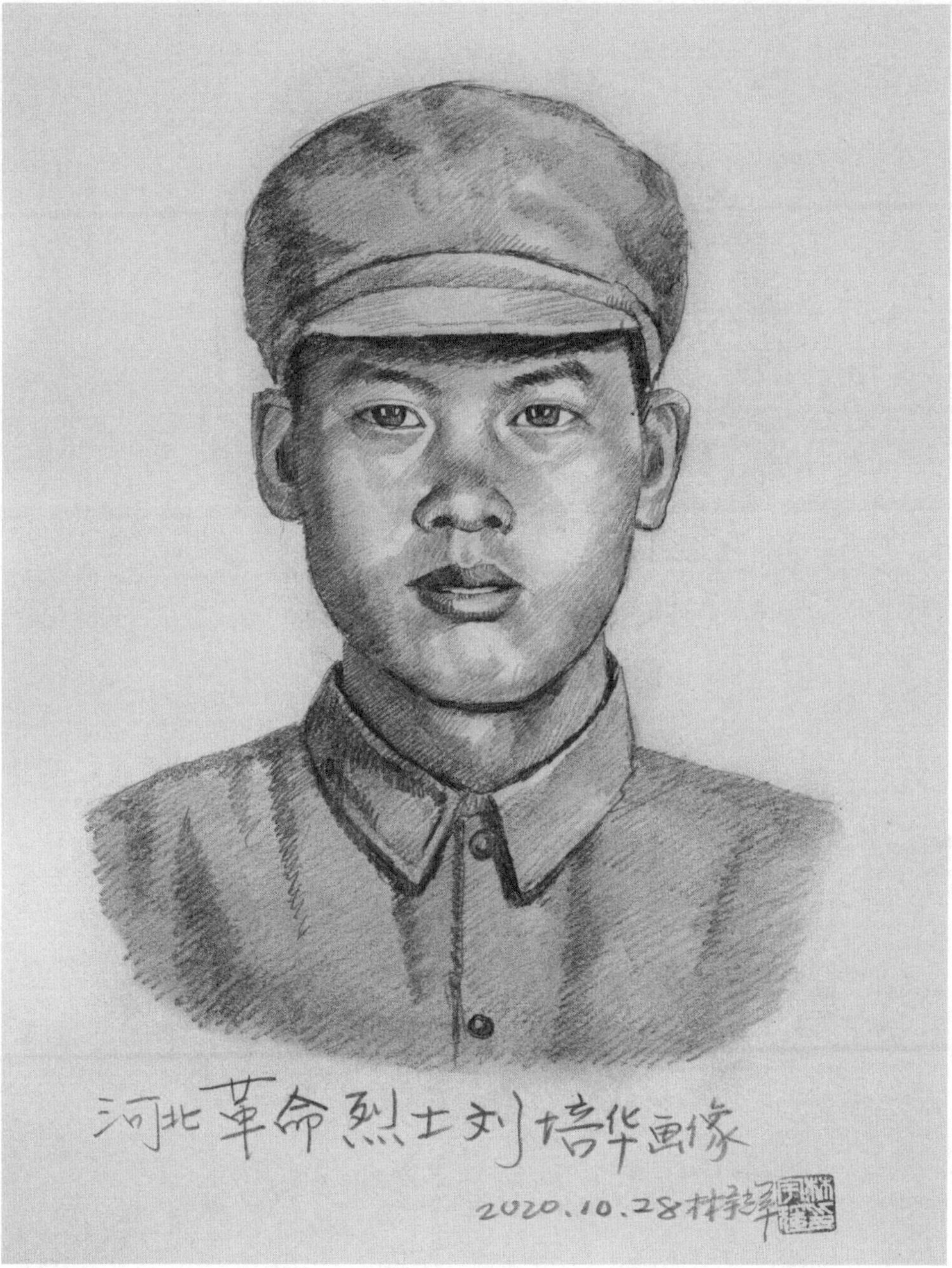

【烈士档案】

刘培华，河北邢台隆尧霸王营村人，1912 年出生，1938 年入伍，1946 年加入中国共产党，1952 年入朝参战，生前为中国人民志愿军四十六军一三三师后勤部军需科科长，1953 年牺牲，时年 41 岁。

【烈士档案】

吕来金，江苏人，1930年出生，1946年参军，1952年10月在朝鲜战场牺牲，时年22岁。

【烈士档案】

皮菊秋，湖南沅江人，1927 年 9 月出生，生前为中国人民志愿军三十六军一〇六师三一六团三营九连战士，1951 年 5 月 17 日在朝鲜战场牺牲，时年 24 岁。

【烈士档案】

王焕荣，江苏新沂人，1929 年出生，生前为中国人民志愿军七七师炮兵团副号长，1951 年 2 月在朝鲜战场牺牲，时年 22 岁。

【烈士档案】

王夕岐，山东荣成人，1910 年出生，1950 年 10 月在朝鲜战场牺牲，时年 40 岁。被评为二级战斗英雄。

【烈士档案】

王星三，原名王崇福，山东济南人，1929年出生，1950年参军入伍，1951年在朝鲜战场牺牲，时年22岁。

【烈士档案】

杨炳志，四川剑阁人，1927 年出生，1951 年参加抗美援朝战争，生前为中国人民志愿军六十军一七九师五三六团三营七连战士，1953 年在朝鲜战场牺牲，时年 26 岁。

【烈士档案】

杨树棠，1928 年出生，1950 年参加抗美援朝战争。1953 年因肺部中弹受重伤回国。1962 年 11 月去世，时年 34 岁。

【烈士档案】

张维哲，陕西西安雁塔区人，1922 年 6 月 19 日出生，1951 年 7 月参加抗美援朝战争，1951 年 9 月 1 日加入中国共产党，生前为中国人民志愿军一军七师后勤担架营炊事员，1953 年 6 月 10 日在朝鲜战场牺牲，时年 31 岁。

【烈士档案】

赵士祯，1925年出生，1951年正月参军，生前为中国人民志愿军二〇一师后勤处战士。1953年5月在朝鲜战场牺牲，时年28岁。

【烈士档案】

赵喜廷，河北武安人，1926 年出生，1952 年在朝鲜战场牺牲，时年 26 岁。

【烈士档案】

赵兴春，1931 年出生，1953 年在朝鲜战场牺牲，时年 22 岁。

【烈士档案】

朱厚祥，四川人，1915年出生，1937年随川军出川作战，1948年参加中国人民解放军，1950年入朝作战。生前为中国人民志愿军第三十九军一一六师三四六团一营一连战士，1952年10月在朝鲜战场牺牲，时年37岁。

【烈士档案】

朱全福，上海闵行区人，1928年出生，1952年12月参军入伍，生前为中国人民志愿军二十四师二一五团三营八连战士，1953年6月2日在朝鲜战场牺牲，时年25岁。

【烈士档案】

左舒，江苏淮安涟水人，1920 年出生，1944 年 8 月加入中国共产党，1950 年 10 月参加抗美援朝战争，生前为中国人民志愿军三十九军一一六师警卫营指导员，1951 年 3 月牺牲在朝鲜新溪，时年 31 岁。

记者手记

初次结识林宇辉警官是在2019年的夏天，当时的他正在忙于另一个公益项目，为“百位失踪儿童画像”，目的就是能让失踪儿童的父母在寻找孩子的时候，可以有一个参照。

我们有幸亲眼见到了林宇辉警官依据一张一岁左右的儿童照片，经过推理分析之后，画出了孩子十几岁到二十几岁的样貌。孩子的父母抱着画像撕心裂肺痛哭的场景，至今难忘。如果不是亲眼所见，真不敢相信，我们身边竟有如此“奇人”。

在一次聊天中，林宇辉警官偶然间提到，他也曾为在革命年代牺牲的革命烈士画像。在场的我们感到颇为惊讶，但更多的是好奇！在那个特殊的战争年代，革命烈士少有照片和影像资料，难道只凭革命烈士后代的口述，就可以真实地重现革命烈士的容貌吗？我们惊叹于他的“模拟技术”的同时，也产生了怀疑。

但是，林宇辉警官用他专业的技能和兢兢业业的工作态度，让我们相信，他可以！

看着一张张“英烈面孔”的重现，听着烈士亲属们一句句认可的话语，在场的我们深深地感受着他们对亲人的那份思念……他们或是放声痛哭，喊出了那句此生从未喊出的“爸爸”；或是抱着画像久久不肯放开，生怕再一次的分别；抑或是扑通跪地，用“无声的语言”去祭拜他们想念了几十年的亲人……

曾听林宇辉警官说过，画人像是绘画当中比较有难度的，除了要画出一个人的面部特征，更要画出一个人的神韵，而画没有任何本人资料的烈士，更是难上加难。画烈士，五官只能靠推理，英气神更不能少。看似简单的一幅烈士画像，其实在成像之前，要经过多次分析构思推翻再构思，几个小时的反反复复才能基本成像。但这并不是最重要的，只有这幅画像得到亲属的认可，才能算是成功。千方百计寻找见过烈士的亲人、同村人、战友等，也成了我们在每一幅画像完成之前必须要做的工作，这样才能更加真实地还原每一位烈士生前的容貌。

一路走来，我们收获了太多太多的感动。

感谢革命先烈们，为了新中国他们无所畏惧不怕牺牲；感谢林宇辉警官，用他手中的画笔，重现这些英雄的容貌，能让后人缅怀他们……

作为记者，我们很荣幸能参与到这项公益活动当中，能亲眼见证这一百幅烈士画像的重现，感受着一次次朴实无华的动人瞬间，记录并讲述着这些英雄们的故事。

山河无恙，岁月安康；致敬先烈，吾辈自强！

《小溪办事》记者　李铁　刘林林

2021 年 6 月 26 日

山东广播电视台电视齐鲁频道《小溪办事》栏目组与林宇辉警官合影

后记

一寸山河一寸血，一抔热土一抔魂。

革命战争年代，很多烈士生前没有留下任何照片。当后人缅怀他们时，面对的往往是一个个刻在墓碑上的名字，有的烈士甚至连墓碑都没有，只有一个名字，这成为后人长久的遗憾。如果真能重现烈士容貌，这不仅是对后人的慰藉，更是对烈士的崇高致敬。

2019年7月底的一天，林宇辉的工作室来了两位客人。他们来自淄博市高青县，其中一位长者叫高永祥，当时已82岁。老人慕名找到林宇辉，是想请林宇辉帮他圆多年来的一个心愿，为自己牺牲在解放战争中的亲哥哥高永福烈士画一幅画像。在这之前，得到消息的记者刘林林和李铁已经在这里等待，他们也很好奇，烈士是没有照片的，林宇辉会如何构思下笔？为烈士画出的画像，能被烈士的亲人认可吗？带着这两个问号，他们用镜头记录下了高永祥老人对大哥高永福的追思以及林宇辉为高永福烈士画像的全过程。8月3日，片子在山东广播电视台电视齐鲁频道《小溪办事》中播出，这是我们这个帮忙节目中第一次涉及“为烈士画像”这样的题材，当时电视机前的观众看后有什么反应，我们不得而知，但让人忘不了的是，导播间里不少同事几乎是目不转睛看红了眼眶，和当时去采访的记者一样，之前存在于大家脑子里的问号，随着片子的播出变成了大写的惊叹号。我们确信，这是一类很有可视性和感染力、又极具社会意义的好题材。山东是全国唯一以省命名的革命老区，有30万革命先烈长眠于此，作为媒体人，我们应该好好挖掘来自民间的需求，久久为功，坚持把这件事做下去。于是乎，《英烈面孔》专栏就这样诞生了。

捐躯赴国难，视死忽如归。抗日战争、解放战争、抗美援朝战争，山河破碎、家国危亡之际，无数革命先烈把心交付给了党，把年轻而宝贵的生命献给了祖国和人民。近两年来，《英烈面孔》专栏有幸记录并见证了超过一百张“英烈面孔”的重现，其中多数为山东籍烈士，此外也有广东、四川、黑龙江、陕西、山西、湖南等十几个省份的烈士，他们的后人不远千里专程赶来，想要重现烈士先辈的模样。在这些先烈中，有1926年入党的我党较早期党员冯昭彬烈士；有1930年参加红军、走过长征路的彭家诗烈士；有民政部公布的第一批著名抗日英雄之一的王平陆烈士……每一幅画像的背后，都有一个可歌可泣的悲壮故事。刘占敖烈士誓死不做俘虏，高喊着“我是中国人，我绝不投降”，把最后一颗子弹留给了自己；侯英烈士宁死不屈，高喊“共产党万岁”，被敌人用铡刀铡成了三截；傅文彩烈士遭受严刑拷打，最后被敌人割了舌头、挖了眼睛……青山处处埋忠骨，何须马革裹尸还。是风华正茂的他们，努力抗争护佑家国无恙；是永远年轻的他们，挺起了中华民族精神的脊梁。

天地英雄气，千秋尚凛然。英雄是民族最闪亮的坐标！

党的十八大以来，以习近平同志为核心的党中央高度重视英模典型褒奖工作，从设立烈士纪念日“立大德于社会”，到建立功勋荣誉表彰制度“扬大义于国家”，再到制定《英雄烈士保护法》“布大信于天下”，一系列强有力的国家行动，推动致敬英烈、崇尚英雄形成风尚，英雄精神正在亿万人民心中生长发芽。今年清明节前夕，在中国共产党即将迎来建党百年的历史时刻，依托《英烈面孔》专栏，山东省退役军人事务厅与山东广播电视台共同启动了“英烈面孔——建党百年致敬革命先烈系列活动”，常态化开展为英烈画像，持续为烈士寻亲，讲好英烈故事，进一步将弘扬烈士精神、传承红色基因付诸实实在在的行动。

岁月荏苒，英雄从未远去！时代变迁，我们从未忘记！新时代的中国，山河无恙、国富兵强。此时此刻，我们足以告慰先烈：这盛世，如你们所愿！铭记所有的牺牲与奉献，吾辈当自强！

山东广播电视台电视齐鲁频道《小溪办事》栏目组

2021 年 7 月

烈士档案信息来源：

烈士证明书及中华英烈网

书中烈士事迹文章由《小溪办事》栏目组记者采访新闻稿整理而成，已获烈士家属认可。

烈士画像中军装制式除参照我军各时期军装特点外，均在尊重烈士家属意愿的前提下绘制而成。